自分らしいキャリアのつくり方

高橋俊介
Takahashi Shunsuke

PHP新書

はじめに

いまほど働く人たちに余裕のない時代が、かつてあっただろうか。

急激なグローバル化を背景に、より熾烈《しれつ》になった競争に勝ち残るために、あるいはＩＴ化をはじめとした急速な環境変化に即応するために、会社は社員に絶えざる変化への対応といっそうの専門化や分業化を求めるようになってきている。会社からはチャレンジングな課題や目標を次々と与えられ、社員はつねに高いモチベーションで組織目標達成のために働くことを、なかば強要あるいは洗脳されているといってもいいだろう。

その結果、家族と過ごしたり趣味に打ち込んだりといったプライベートの時間はないがしろにされ、中長期のキャリアや自分らしい働き方を考える暇《いとま》もない。

そんな日々のくりかえしに、どこかで非人間的な不自然さやアイデンティティの揺らぎを感じながら、そういうものには無理やり目をつぶり、しゃにむに仕事にのめりこもうとしているのが、現代の働く人の姿なのではないだろうか。

高度成長の時代から、家族を顧《かえり》みずにしゃにむに働く企業戦士という言葉は存在した。しかし現代のように行き着く先の「あがり」の姿も見えない時代に、たんなる経済的豊かさはもちろん、将来の目標や夢でさえ、それだけで高いモチベーションを長期に維持しつづけることは難しい。将来よりも、いまこの瞬間を、公私ともにどう充実させるかが求められているのかもしれない。

とはいえ、海底を進む潜水艦が、ときどき潜望鏡を水面に突き出して、自分の位置と進むべき方向を確認するがごとく、働く人にも、立ち止まって己の人生やキャリアの来し方行く末に思いを馳《は》せる「節目」の時間は、絶対に必要だ。

ふつう、節目というのは向こうからやってくるものだが、いまのように忙しいと、その節目の時期が来てもそれを感じ取れない人が少なくない。自分もそうかもしれないという人は、節目の到来をつねに頭のどこかで意識しながら働くようにしたほうがいいだろう。

そして、節目を感じたらそこでひと息入れて、現在やっている仕事を客観的な目で眺めてみると同時に、今後の人生やキャリアに対するイメージを確認する。そこに向けて新たな一歩を踏み出すのだ。

ただし、それは必ずしも、将来に直結する新たな職場や部署に転職したり、異動を願い出たりといった大きなキャリアチェンジやライフチェンジを意味するものではない。いまの仕事のなかで自分らしいキャリアにつながるものを再認識するとか、新しい習慣にトライするといったことでもいいのだ。

要するに、節目が来たら、現在の自分の立ち位置を俯瞰《ふかん》でとらえ、人生やキャリアの主導権を自分の手に取りもどすことが重要なのである。

その際、自分の人生やキャリアをふりかえって、どんな経験から何を学んだかを言葉にしてみる「持論アプローチ」（神戸大学大学院の金井壽宏教授が提唱）が役に立つ。それによって自分という人間の輪郭をつかむこともできるし、そこから、どちらに向かえばいいのか迷ったときのヒントを探すこともできる。

だが、はっきりいって自分の経験だけでは十分とはいえない。そこで、自分以外の人の生き方や働き方を参考にさせてもらうのだ。とくに、人生の先輩諸氏が口にする言葉を聞くことは、あなたに多くの気づきをもたらすはずだから、ぜひやってみてほしい。

ただ、そうはいっても日ごろから年長者と接していなければ、学ぶチャンスもないだろう。また、ひと昔前とは時代や職場の環境が大きく変わっているので、せっかく聞いた話も、現代では無用の長物でしかないかもしれないし、場合によっては、あなたをまちがった方向に導かないともかぎらない。

そこで私は、自身の所属する慶應義塾大学湘南藤沢キャンパス（ＳＦＣ）のキャリアリソースラボラトリーでこれまで行ってきた、多くのビジネスパーソンに対するインタビュー調査や、専門家との意見交換、内外の文献などから、この二十一世紀の日本に生きるビジネスパーソンが、人生やキャリアの節目に直面したときに、真に有用なメッセージとなりうる考え方や発想法を選び出し、それをキーフレーズにまとめてみた。それらにできるだけ理論的裏づけのある解説を施したのが本書である。

この作業を通じて、実体験や経験則で語られてきたことの多くが、専門家の提唱する理論と合致していることが証明されたのは、大きな収穫であった。

しかしながら、ここで疑問をもつ人がいるかもしれない。キーフレーズのような抽象的なものよりも、この場合はこうせよという答えをはっきり書いた教科書のほうが親切ではないか、と。

だが、キーフレーズにしたのには理由がある。それは、キャリアというのは自律的かつ主体的につくっていくものだからだ。

くしくもキャリアリソースラボラトリーができた二〇〇〇年ころから、「自律的キャリア形成」ということが徐々にいわれるようになってきた。ところが言葉の流通とは裏腹に、その意味が正しく伝わっているとはいいがたい。

企業側には、そんなことをいいだしたら、わがままな社員がふえるだけだとか、わざわざ寝た子を起こして中途退職者をふやすことになりかねないと、「自立」を悪いことのようにいう人がいるかと思えば、社員が自己責任でキャリア形成してくれるのだから、会社がわざわざ人材育成のための投資をしなくてもいいのだと、「自立」を都合よく解釈する人もいる。

また、個人のほうも、キャリア自律というのはキャリアをデザインすることで、それは中長期の具体的なキャリア計画をつくり、それに従って実行していくことだと解釈している人がいまだにあとを絶たない。

いっておくが、これは誤解である。自律的というのは計画的という意味ではない。それに、キャリアというのは毎日の積み重ねによってできあがっていくものであって、計画してつくれるものではないのである。

ちなみに、私たちのラボラトリーでは、「自律的キャリア形成」あるいは「キャリア自律」

というように、「自立」ではなく「自律」を使っている。自分らしいキャリアをつくるには、「自ら立つ」より「自ら律する」ことのほうが大事だからだ。

言葉を換えれば、キャリアというのは個別性が強いので、自分が主体となって律していくよりほかかない。つまり、各人が自分の人生や仕事を見つめながらつくっていかなければならないものなのである。

だから、こうなったらこうしなさいというような一対一対応の回答ではダメなのだ。そのようなものでは人の数だけ存在する状況には対応できない。状況に応じた解釈が可能なヒント集となりうるものだからこそ、多くの人に気づきを与えることができるのである。

もちろん、本書で取り上げたキーフレーズですべてが足りるとはいわない。ただ、自分らしいキャリアづくりを考えるあらゆる世代の人、ほかの人のキャリア形成を支援する立場にいる人が本書を一読すれば、そこにはいくつものヒントが必ず見つかるはずだと私は信じている。

自分らしいキャリアのつくり方

目次

Chapter 3

キャリア形成

Chapter 4 ジョブデザイン

Chapter 5 ネットワーク形成

Chapter 6

組織のなかでの成長

Chapter 7

組織の見極め方

Chapter 1

ワークライフ

① 仕事ばかりしていると仕事に必要な能力が身につかない

脳の機能を心理学者のユングは、感覚、直感、思考、感情の四つに分類している。

感覚機能とは、文字どおり五感を使って情報を取り込む機能のこと。速読が得意な人は、視覚から得た情報を一瞬にして脳に取り込んでいると思われる。ワインのソムリエが、液体を口に含んだだけで銘柄や何年ものかまでいいあててしまうのは、嗅覚や味覚が優れているからだ。

直感機能というのは、感覚や論理を飛び越えて、そこにある意味や裏に隠されたメッセージを瞬時に感じ取る機能。これは、どこにも存在しない答えを論理を超えて思いつく能力と深く関係しているだろう。

一方、思考機能というのはその正反対で、あらかじめそこにある正解にたどりつくために、論理を詰めていくとき発揮される。

感情機能は、自分の情動をマネジメントしたり、相手の喜怒哀楽を察知したりする機能。

一般にＥＱ（Emotional Quotient）と呼ばれているものは、この機能と大いに関係している。もともと人間は、このような脳の多様な機能を統合して使いながら生活を営み、歴史をつくってきた。ところが、現代のように仕事の専門化や分業化が極端に進んでしまうと、特定の機能ばかりを集中して使うことに脳が慣れきってしまって、その結果、ほかの機能が必要になってもうまく働かないということになりかねないので、注意が必要だ。

たとえば、デスクワークが中心で、数字を使って論理的に考えることばかり何年もやっている人のなかには、ふだんは物静かなように見えても、何かの拍子で感情に火が点《つ》くと、急に取り乱したり激高したりするタイプが少なからずいる。日ごろから感情機能を抑圧しているため、いざというとき感情をうまくコントロールできず、些細《ささい》なことに対しても過剰反応してしまうのだ。

また、そういう人は直感も働かないので、突然、新規のアイデアや斬新な企画を考えろといわれると、途方に暮れてしまうことになる。

もちろん、これから先も現在と職場環境が変わらないのなら、直接その仕事に関係のない能力には目をつぶる選択肢もないことはない。だが、現在のような変化の激しい時代に、自分だけはずっと同じ仕事をやりつづけられると考えるのは、あまりに楽観的すぎはしないだろうか。

仮に、同じ職場で同じ仕事に就いていたとしても、リーダーになって仕事の目線が高くなれば、新たな課題が見えてくる。それを解決するには、それまで仕事で使ってきた以外の能力も使わざるをえない。しかし、脳の機能も筋肉と同じで、長年使われなければ衰えてしまって、急に使おうと思ってもうまくいかないのだ。

また、同一組織内の縦のリーダーシップなら、かろうじてそれまでの能力で対処することができたとしても、横のリーダーシップとなると、同じ仕事だけやってきた人はお手上げだろう。

横のリーダーシップというのは、複数の組織に所属する、自分とは直接は上下関係にない人たちを説得し、一つの目的に向かって動かす組織横断型のリーダーシップのことだ。

組織の壁を越えて違う事業部門の人間が協力し合う例としては、日産自動車がカルロス・ゴーン社長の下で行った「日産リバイバルプラン」の際に組織された「クロスファンクショナルチーム」がすぐに頭に浮かぶ。また近年は、大企業とベンチャーのコラボレーションや、異なる業界の会社どうしが協力して広告宣伝を行うなどの動きも確実にふえてきている。横のリーダーシップが求められる機会が、それだけ多くなっているのだ。

横のリーダーシップを発揮するには、自分と違うバックグラウンド、計画や目標をもった人たちの、多様な価値観や感じ方を理解し受け入れる感受性や、そういう人たちを説得し、行動を起こさせるコミュニケーション能力、さらには人間関係に対する細やかな気配りなどが不可欠だが、そういうものは、縦型のピラミッド組織で働いていてもなかなか身につかない。なぜなら、縦型のピラミッド組織には、権限や上下関係のないところで人を動かすという発想そのものがないからだ。

それでは、横のリーダーシップに必要な能力は、いったいどうやって習得すればいいのだろうか。

一つの方法は、仕事以外のところで横のリーダーシップを揮《ふる》うトレーニングをしておくことだ。

これに関しては、あるカンファレンスでパネラーを務めた女性が、非常に興味深い話をしていた。

四十代前半の彼女は、働きながら二人の子どもを育ててきた。当然、子育て中は、地域や学校で子どもの保護者としての役割も果たさなければならない。ところが、ＰＴＡ活動に参加してみると、そこで接するほかのお母さんたちのなかには、まったく働いたことのない人など、自分とは立場や考え方がまるで異なる人がたくさんいて、最初は面食らうことばかりだったそうだ。

たとえば、打ち合わせの日程を決めるにも、日曜日にしようとすると、専業主婦のお母さんたちは難色を示す。夫や子どもがいる日曜は、専業主婦は外出しにくい、だからむしろ平日のほうが都合がいいといわれてしまうのだ。しかし平日では、働いているお母さんが出席できない。そこで、ワーキングマザーの事情を説明し、協力をお願いするところから始めたのだという。

そして、そういう経験が、いま仕事で横のリーダーシップを発揮するとき役に立っているのだと彼女はいう。女性にかぎらず男性もぜひ参考にしてほしい。子どもの学校や地域の活動に男親がほとんど顔を出さない社会は、先進国のなかでは日本くらいだろう。

コミュニティ活動に積極的に参加するのもいいトレーニングになる。地域の子どもたちが参加するクラブやサークルのまとめ役を買ってでるのはどうだろう。子どもというのはみな自己中心的なところが強い一方で、物事の本質を鋭く指摘することもあり、まとめるのに苦労するが、だからこそ他者理解力や説得力が鍛えられるのだ。

料理だって効果はある。料理をつくる手順や方法を学ぶのは思考機能だが、自宅にお客さんを招いたとき、どんな料理でもてなすかを決めるＷＨＡＴ構築能力は、直感機能にほかならない。後述するが、対面販売の会話のなかに料理に関する多くのヒントがあり、多様な人たちとの関係構築にもなる。

このように、横のリーダーシップにかぎらず、将来のビジネスで役に立つ能力のなかには、仕事以外のところでないとなかなか学べないものがたくさんある。仕事ばかりしていると、じつは仕事に必要な能力が身につかないというのはそういうことなのだ。

② 仕事と私生活はバランスではなく統合が重要

人間は本来、あらゆる能力を総動員して、厳しい自然のなかで生きてきた。ところが、現代のように仕事が極度に専門化、細分化して限られた能力しか使わなくなると、精神の均衡《きんこう》が崩れ、ひどい場合は内部から崩壊してしまいかねない。

そこで、プライベートを使って偏りを修正する必要が出てくる。

アメリカの社会学者リチャード・フロリダの『クリエイティブ資本論』（ダイヤモンド社）

によれば、アメリカの肉体労働者に野球観戦好きが多いのには、ちゃんと理由があるのだそうだ。日ごろ体を使って働いているので、休日はできるだけ体を休めたいという気持ちが働く。だからプレーではなく観戦を好む。それから野球だと、あたかも自分が監督という管理者になったような気分になれる点も、仕事中つねに管理されている彼らにとって魅力となる。

そしてもう一つ、工場などでは単調なくりかえしの仕事が中心なので、達成感や勝利の実感をなかなか味わえない。それで応援するチームにその役目を担わせているのだ。チームが勝つと、まるで自分が戦って勝ったような気持ちにしばし浸《ひた》れるのである。

同書には、こんな話も出てくる。

ホワイトカラーの一団が休日に湖でカヌーを楽しんでいるところに、モーターボートのグループが近づいてきて、そのなかの一人がカヌーに向かってこう声をかけた。

「君たち、どうして休みなのに働いているの？」

じつはモーターボートに乗っていたのは、ブルーカラーのグループだったのだ。

知識労働者、あるいはクリエイティブワーカーと呼ばれる人たちの多くは、仕事にやりがいを感じてはいるものの、仕事中は人工的な環境にいてほとんど体を使わないので、やはり仕事だけやっていると精神の安定が保てなくなる。それで休みになると自然のなかに飛び出し、カヌーやハイキング、スキューバダイビングなどの、体を使う勝ち負けがともなわないレクリエーションをやりたがる。ところがブルーカラーの人たちにしてみれば、なぜリラックスすべき週末まで、そんな疲れることをするのかが理解できないというわけだ。

また、仕事の専門化、細分化は能力の偏った使い方だけでなく、動機の抑圧という面からも精神に悪影響を与える。

動機というのは、内面から自然に湧き上がってきて、やる気を起こさせる自然なドライブのことで、しばしば「心の利き手」とも表現される。また、動機はその人に固有のもので、十八歳を過ぎると大きく変わることはないといわれている。

仕事が自分の動機とうまく合致しているときは、それを活用すればいいので精神的な負担も少なく成果も出やすいが、そうでない場合は、動機を抑圧して働かなければならない。

動機の一つに「自己管理動機」がある。鍋料理をつくるというと、必ず前に出てきて、具材を入れる順番から灰汁《あく》を取るタイミングまでこと細かに指図する〝鍋奉行〟がいるが、こういう人はまちがいなく自己管理動機の強い人だ。

このタイプの人はだれの手も煩《わずら》わせず、一人で仕事を完結できるので、自律したプロフェッショナルとして働くときは好都合だが、部下をもつと、たちまち苦労することになる。

よくあるのは、部下の一挙手一投足にいたるまで細かく管理しようとするか、さもなくば見るとあれこれ口を出したくなるので、目をつぶって放任してしまうかのどちらかだが、いずれにしても管理職の役目を果たすことができない。そこで職務をまっとうするためには、自己管理動機を封印しなければならなくなるのだ。

しかし、封印したままでは必ずどこかで精神に歪《ひず》みが表れる。そうならないためには、仕事以外の時間を使ってガス抜きをすればいいのである。

たとえばプラモデルや料理のように、自分の思い描いたイメージどおりに、だれにも邪魔されず一から一人でつくりあげることを趣味にする。あるいは家族旅行の計画を一手に引き受け、行き先の選定から準備、行動予定まですべてを自分が受けもつようにするといった具合だ。

最近は、いろいろなところでワークライフバランスということが、しきりといわれるようになってきたが、幸せな人生を送るためには仕事と私生活の時間的なバランスよりも、むしろ、能力や動機の統合的活用こそが重要なのである。

③ 人生で大切なことは二つ以上ある

コミットメントというのは、あるミッションにみずからが積極的にかかわり、使命や責任をまっとうしようとする姿勢といった意味だ。

ところが、日本だとこれに、一つのことに専念するというニュアンスが加わる。やるべきことが複数あってはどっちつかずになって、満足のいく結果が出せないと考える人が大半なのだ。事実、会社の就業規則にはたいてい「専念義務」という文言がある。また、女性は仕事と家庭の両立より、家事や育児に専念すべきとの意見が根強いのも、やるべきことは一つに絞らないと中途半端になるという価値観が日本社会を支配しているからにほかならない。

たしかにそういう側面もないことはないだろう。だが、逆にすべてのリソース（資源）を一カ所に集中してしまうゆえの弊害については、いささかみんな無頓着《むとんちゃく》すぎるような気がする。

たとえば、専業主婦とワーキングマザーのどちらがより子育てにコミットメントできるかを比較してみよう。

日本では、育児や子どもの教育は母親の役目と思われている。不始末をしでかした子どもに対して「親の顔が見たい」というような言い方をするのはそのせいだし、子どもの親どうしのつきあいだと、自然と「○○ちゃんのお母さん」という呼び方になってしまうのも、子どもを通してしか母親の人格が認められないからだ。そしてこれは、大きなプレッシャーとなって母親にのしかかる。

それゆえ、専業主婦の母親はどうしても、自己実現を図る手段が子育てという場に限定されがちだ。言葉を換えれば、自分のイメージどおりに子どもを育てるのが、彼女たちの唯一の自己実現となってしまっているのである。ところが、いくらわが子といえども別人格なのだから、こうなってほしいと強く願ったところで、たいていはうまくいかない。そうすると、それが原因で大きなストレスを抱えることになってしまうのである。

一方、ワーキングマザーは、仕事と子育ての両方をやらなければならないので負担は大きいが、子育てがすべてではないぶん、子どもと距離を置いて接することができるというメリットがある。かつて私がインタビューしたあるワーキングマザーは、自分は仕事で自己実現できるので子どもにもそうなってほしいし、あなたの人生なんだから自分で考えなさいというように突き放すことができるから、育児ノイローゼにならないですむといっていた。

また、別のワーキングマザーは、昼間、仕事でくたくたになったあとに保育園に娘を迎えにいかなければならないというと、一見たいへんそうだが、自分の姿を見つけ、満面の笑顔で腕のなかに飛び込んでくる娘を抱きしめると、仕事の疲れなんて一瞬で吹き飛んでしまうのだそうだ。それに、子育てでたまったストレスは仕事に打ち込むことで解消できるので、結果的にどちらもうまくいくのだという。

このように、仕事も子育てもどちらか一つに絞るより、両立させたほうが、ともにいい結果が出るといえなくもないのである。

じつは、これは子育てに限ったことではなく、仕事にも同じことがいえる。とくに創造的な仕事の場合、それ一本より副業をもっている人のほうが、そこで得た知識やノウハウを本業で活用できるので有利なのだ。

名古屋大学大学院の金井篤子教授の調査によれば、仕事とプライベートのどちらを大事にするかという質問に対し、「両方とも大事にする」と答えた人の仕事とプライベートの葛藤にかかわるストレスレベルがいちばん低かったそうである。

これは、大事なものをどちらか一つに決めてしまうと、邪魔者扱いされたそれ以外の選択肢が、最終的に大事なほうの足を引っ張るからだ。

つまり、こういうことである。仕事がいちばんで家族とのコミュニケーションをないがしろにしていると、家庭で問題が次々と発生し、それが原因で仕事に集中できなくなってしまう。あるいは、自分の生活が大事だといって仕事を疎《おろそ》かにしていれば、やりがいもなくただ生活を成り立たせるために働くことになり、結局そのストレスで自分の時間も楽しめなくなる。

そうならないためには、どちらか一方に偏るのではなく、どちらも自分にとって重要なものだという態度で生きればいい。それがもっとも創造的な解なのである。

経営に対しても同じことがいえる。会社のステークホルダー（利害関係者）である社員と株主と顧客のうち、だれがいちばん大事かとの議論には意味がない。株主や顧客を優遇すれば社員は疲弊するし、社員に重きを置いて株主を軽視すれば、経営者は株主によってクビを切られるかもしれない。

だから経営者たるもの、ステークホルダーに優先順位をつけるのではなく、社員、株主、顧客のあいだでバリューチェーン（価値連鎖）をつくるビジネスモデルを考えるべきなのである。

どうやら経営も人生も、どれか一つではなく、大事なものはすべて大事なのだという姿勢でいたほうが、総合的により高い満足度を得られるのが現実のようだ。

④ 日本の男は自分の求められている役割を誤解している

前出の金井篤子教授の調査には、以下のような興味深いものもある。

「あなたは家族を大事にしていますか」という質問を、専業主婦の妻をもつ夫、共働きの妻の夫、共働きの妻の三グループにぶつけたところ、「している」という回答の割合がいちばん多かったのは、専業主婦の妻をもつ夫のグループだった。

しかし、「あなたは毎日どれくらいの時間を家族と過ごしていますか」との問いに対してもっとも短い時間を答えたのもまた、同じグループだったそうだ。

この結果を見てある人がこう分析した。専業主婦の妻をもつ夫は、大事な家族を経済的に支えていくのが自分の使命だと思い込んで、会社にいわれるまま残業もいとわず、転勤も単身赴任も辞さずという姿勢で働いてきた。その結果、大事な家族と過ごす時間がなくなってしまった。まさにそういうことなのだろう。

日本の男性が、家族を大事にするというと、すぐに経済的に支えることだと考えがちだというのは、日本の二万人一万組の夫婦の満足度調査を実施した『プレジデントファミリー』（プレジデント社）の鈴木勝彦編集長も指摘している。そして、それは明らかに誤解なのだとも。

家族がいま夫や父親に求めているのは、経済面よりも精神面のサポートなのである。

とくに専業主婦は育児に悩んでも、昔のように助けてくれる姑《しゅうとめ》が一つ屋根の下にいるケースは少なく、また地域コミュニティのあり方も変質してしまっているから、近所の人が自発的に面倒をみてくれることも期待できない。それでいて日本社会には相変わらず、子育ては母親の責任という暗黙のプレッシャーが根強いので、育児に対する精神的な負担はかつてないほど大きくなっている。

ところが、家庭をもつ男性のほうは、そういう事実にいまだ気がついておらず、そのことが家族内にさまざまな問題を引き起こしている。

日本の少子高齢化を研究しているシカゴ大学社会学部の山口一男教授は、自身の論文のなかで、日本人の女性の場合、最初の出産・育児の際、夫が精神的に支えてくれなかったことが心理的なトラウマとなって、第二子を産むことを躊躇《ちゅうちょ》するケースが多いと指摘している。

また、ある会社から中高年のローパフォーマーの研修を引き受けた著名な教育者は、生産性が上がらない人の半分以上が、職務能力より家庭に問題があることがわかったといっていた。奥さんの育児ノイローゼ、子どもの不登校、老親の介護などで精神的・心理的に疲弊しきって仕事に打ち込めない、だからパフォーマンスが低いというわけだ。ただ、家族の問題は本人もあまり語りたがらないので人事部も把握《はあく》しにくく、これまで日本ではほとんど表に出てこなかった。

しかしながら、キャリアアドバイザーやキャリアカウンセラーの人たちに話を聞くと、この手のトラブルを抱える人は確実にふえていると、だれもが口をそろえる。

このような状況は日本だけではないようで、アメリカで行われる人事のカンファレンスに参加すると、ここ数年はとりわけワークライフに関するセッションが多くなっていることに気づかされる。

アメリカのどの企業にとっても、才能ある人材を獲得することは経営の最重要課題の一つであり、優秀な人材を奪い合う「才能戦争」（War for Talent）は年々熾烈さを増している。

企業がワークライフを真剣に考えるのは、そうしないとその才能戦争に負けてしまうからにほかならない。

そして、その前提となっているのが、若者の家庭回帰という現象なのである。

シリコンバレー在住のある日本人によれば、一九九〇年前後にIBM、ヒューレットパッカード、モトローラといった大企業が、突然それまでのノンレイオフポリシーをかなぐり捨ててレイオフに手をつけはじめる。そのとき職を失ったうえに、家庭という帰る場所さえない中高年がいかに悲惨かということを、当時の若者は目の当たりにした。以来、最後に頼りになるのは家族なのだというメッセージが社会に浸透していったのだという。

この家庭回帰は世界的現象であって、アメリカより五年から十年遅れで終身雇用が崩壊しはじめた日本もまた例外ではない。

企業は、終身雇用や年功的賃金、出世といったインセンティブを巧みに使って労働者を管理してきた。最近はマネジメント技術がさらに向上し、仕事自体にビジョンやバリューを内在させ、働く人のモチベーションを容易に高められるようにもなってきている。それゆえ自分でも気がつかないうちに、仕事にのめりこんでしまうことにもなりかねない。

しかし、それで家庭を顧みなくなったら、必ずあとでしっぺがえしを食うことになる。

人間には「行くところ」と「帰るところ」の二つの場所が必要だ。行くところとは、会社のように何か目的がある場所のこと。一方、帰るところとは、一日の目的を達成した人が精神的にもどる場所であり、その典型が家族である。人間は帰るところさえあれば、激しい環境変化にも耐えることができる。つまり、家族はもっとも確実なセーフティネットなのである。

ところが、家に帰るのは寝るためや食事をとるためというようになってしまうと、そこは帰るところではなく行くところになってしまって、ほんとうの意味で安らげないし、セーフティネットにもならなくなってしまうのだ。

世の男性陣は、家族がいかに自分にとって大切な存在か、そして、自分はその大切な家族のために何をなさなければならないのかを、いま一度ふりかえってみてほしい。

⑤ デメリットは事前に見えやすいが、メリットはあとからわかる

以前、ワーキングマザーと仕事をもつ独身女性を集めて、グループインタビューを試みたことがある。その際、独身女性グループに、結婚して子どもができても、いまの仕事を続け

る気持ちはあるかと質問したところ、そうしたいが身近にいる人たちを見ていると、あまりにたいへんそうで自分にはできそうもないとの回答が大半を占めた。

一方、ワーキングマザーのほうは、子どもを産む以前、働きながら子育てをすることに対する不安がなかったかという問いに対し、うまくいかなければそのとき考えればいいくらいの気楽な気持ちで出産したと答えた人が多かった。

どうもワーキングマザーに関する情報をたくさんもっている独身女性ほど、ハードな側面ばかりが目について、結婚や出産に二の足を踏んでしまうらしいのだ。

このように事前に情報を集めすぎると、ネガティブなところにばかり目がいって、思い切った意思決定ができにくくなるのである。

しかし、そうやって意思決定を避けていると、行動を起こした人だけが手に入れることのできるメリットは、永遠に自分のものにはならない。「苦労は買ってでもしろ」というのは、まさにそのことを戒《いまし》めているのである。

仕事でいえば、リーダーシップ能力がその典型だ。日本の組織はリーダーを育てるうえで、いろいろな職種を経験させるジョブローテーションに重きを置いて、リーダーとしての思考・行動特性を鍛える具体的試練のほうはあまり重視してこなかった。しかし、リーダーに必要なのは多様な経験より、むしろリーダーにふさわしい思考・行動特性のほうであり、それは、試練を乗り越える過程でしか身につかないのである。

現在は組織の壁を越えて直接、自分の権限が及ばない人たちをも巻き込んで問題解決にあたる横型の高度なリーダーシップが、どこの会社でも求められるようになってきている。

実際にこのような事例がある。ある総合商社が、海外の化学プラント工事の受注を他社と争っていた。しかし、競合他社にくらべ、この総合商社の提案はインパクトに欠け旗色がよくない。そこで担当者は、総合商社の強みを活かそうと考え、化学品部門に頼み込んで、プラントが完成したら、そこで生産される化学製品の何割かを自社ルートで販売してもらえるようにしてもらった。そして、それをセールスポイントに営業攻勢をかけ、めでたくその工事を受注したのである。

この場合、化学品部門は当初、協力を拒《こば》んだはずだ。それはそうだろう。そんなことをすれば、自分のところの目標や事業計画を一から書き換えなければならなくなる。しかも他部門の都合だ。そんな面倒なことはだれだってやりたくないし、やる義務もない。

それでも最終的に協力を仰ぐことができたのは、このプラントの担当者が、立場や利益の異なる相手を説得しイエスといわせられるだけの、横型のリーダーシップ能力の持ち主だったからだ。総合型企業の総合力というのは、事業ポートフォリオ（資源を投入すべき事業一覧）の選択のような経営トップの意思決定以上に、このように横に走って話をまとめる横型リーダーシップ人材の数による部分が大きいのではないだろうか。

そしてこのような能力は、そうせざるをえない局面に何度も立つことで鍛えられるが、それはなにも仕事とはかぎらない。別のところでも例にあげたが、子育てのような仕事以外の経験が、仕事に活きてくることもめずらしくはないのである。大事なのはそれがワークかライフかではなく、かかわる本人の姿勢のほうなのだ。

経験と学びの研究をしている小樽商科大学大学院の松尾睦教授によれば、同じ経験をしてもそこから何をどれだけ学ぶかは、個人によってかなり差があるのだという。そして、学びの差にもっとも影響があるのが、主体的か受け身かというその人の仕事への態度なのだそうだ。

また、同じく松尾教授は、上司と部下、先輩と後輩のあいだのインフォーマルコミュニケーションが減ったことで、困難なことに主体的にチャレンジする人の割合が少なくなっていると危惧《きぐ》を抱く。

これまでは上司や先輩が負荷の高い、レベルの高い仕事を与えられ悪戦苦闘している姿を見て、自分には無理だとか、やりたくないとか思っても、仕事を終えたあとに居酒屋で話を聞くなどすれば、あの仕事にはあんな意味があって、乗り越えるとこんなメリットがあるのかと理解することができた。ところが最近のように、そういう機会が少なくなると、下の世代は見た目の厳しさだけで判断し、みずから行動するのを控えてしまいがちなのである。

巷間《こうかん》伝わるネガティブ情報を鵜《う》呑《の》みにして、イメージの悪いものや無駄に思えるものは最初からリストに入れないのが効率的なキャリアづくりだという発想も、貴重な挑戦の機会を失う大いなる過ちだと気づかなければならない。

じつはキャリア教育の一環として近年、注目されているインターンシップも、やり方を工夫しないと逆効果となってしまう。

雇用環境の厳しい沖縄県では、二〇〇七年から四年間で約四万人の雇用を拡大し、完全失業率を四パーセント台に改善することを目標とする「みんなでグッジョブ運動」が行われており、その一環として、県内のほぼすべての高校生が三日間程度の職場体験をすることになっている。

ここで問題なのは、インターンシップの引き受け先が小売りや介護といったサービス業に偏ってしまう点だ。というのも、沖縄で若年労働者を多数雇用するのがサービス業だからである。

しかし、勤務時間が九時から五時までと決まっていて土日は休める製造業と違い、サービス業の場合は夜や週末も仕事があるのがふつうだ。かくして、せっかくインターンシップを経験しても、表面だけを見て、仕事が厳しくて自分にはできそうもないとの印象をもつ高校生が続出することになりかねない。これでは、せっかくのインターンシップが、逆に若者のキャリアの可能性を狭めてしまう可能性もある。

ただ職業体験をさせればいいというのではなく、短期間でもその仕事のやりがいが伝わるプログラムを開発することが、インターンシップでは重要なのだ。グッジョブ運動ではいままさに、次のステップとしてそれに取り組んでいるところである。

ほんとうに伝えなければならないのは、無駄のない合理的キャリアなど存在しないということなのだ。ゴールから逆算して、必要な資格やスキルはこれとこれという具合に決め込み、それだけを身につければいいという姿勢では、真に要求される、変化に強く安定した成果を上げられる普遍性や抽象性の高い能力が獲得できず、結果として痩《や》せたキャリアになってしまいがちなのだ。

そして、そういう能力は、こうすれば手に入るというのが事前に見えにくい。苦しんで試練を乗り越えたとき、おのずと自分のものになっているものなのである。

⑥ スローキャリアという生き方は、仕事よりも生活重視では実現できない

スローキャリアとは、仕事を重視しないことだとか、私生活とのバランスをとりながらのんびり働くことだと考えるのは、いずれも大いなる誤解である。

仕事の質やプロセスにこだわった働き方というのが、スローキャリアのほんとうの意味だ。こうもいえる。仕事だけでなく私生活も含めた生き方全般に、ポリシーをもって主体的に取り組むこと。ワークとライフのバランスをとるのではなく、ワークとライフを統合させるという意味でもある。

スローキャリアは、拙著『スローキャリア』（PHP研究所）のタイトルであり、イタリアのスローフード運動からヒントを得た私の造語である。ちなみにスローフード運動とは、ローマのスペイン広場にファストフード店が進出し、イタリアの食文化が危機にさらされることを危惧した人たちのなかから沸き起こった、食事をたんなる空腹を満たす行為とせず、地

域の食材や店の雰囲気なども含めた食事の質にこだわろうとする運動のことである。

特筆すべきは、このスローフード運動の主体が、食材の販売店や飲食店の顧客という点だ。生活者である自分たちこそがパトロンなのだとの意識をもち、販売者や店を責任をもって選ぶことでしかイタリアの食文化を守れないとの精神が、この運動の根底にはある。食事は安くてお腹がふくれればいいという考えの人が多ければ、スローフードは成り立たないのだ。

同じように、仕事は所詮、お金を稼ぐための手段なのだから、できるだけ給料が高いほうがいいとか、逆に私生活を支えられる程度に働けば十分との考え方をしていたら、仕事の質にこだわるスローキャリアを実践することはできない。そしてこういう仕事観では、蓄財や食べていくためという目的に永遠に振りまわされて、満足のいくキャリアをつくることは難しいといわざるをえない。

もちろん、仕事がお金を稼ぐ手段であるのはまちがいないが、仕事にはやりがいや、それ自体の充実感といった側面もある。最初から仕事を道具や手段のようなものに貶《おとし》めてしまうと、そのような仕事に内在している喜びにたどりつけないのだ。

だから、少なくともキャリアの最初の段階では、お金や生活費のためではなく、仕事そのものを目的として、のめりこんで働いてほしい。このときは私生活とのバランスなど考えなくてもいい。それよりも、そうすることによってやりがいや充実感、自分にもできるという自己効力感を味わい、普遍性の高い仕事をする能力を身につけることのほうが重要なのである。また、お金は結果としてついてくるものだとの認識でいたほうがいいだろう。

仕事にのめりこむ時期が過ぎたら、少しずつギアチェンジをしてスピードを変え、私生活や家族を含めた全体の人間としての自分はどうありたいのかを考える。そうやって私生活での経験が仕事に活きる好循環をつくっていくことで、スローキャリアという働き方ができあがってくるのである。

7 お金を大切にしてはじめて精神的豊かさが手に入る

戦後の高度成長期は、文化的で快適な住居や、洗濯機、冷蔵庫、テレビの三種の神器、さらには3Cと呼ばれた車、クーラー、カラーテレビのように、隣の家にはあるのに自分はまだもっていないものを買いそろえたいという欠乏動機が、人々のドライブとなっていた。

しかし、一九八〇年代後半のバブル時代に物理的な豊かさがほぼ達成されると、今度は精神的豊かさをより重視する人々が徐々にふえてくる。

そして、現代の日本においては、こんなものがあったらいい、こんなことができれば嬉しいというような希望動機に、人々のドライブは完全にシフトしたといっていいだろう。

だが、物理的豊かさよりも精神的豊かさの重要度が増したからといって、お金を稼ぐことを軽視してもいいのかといったら、そんなことはない。

日本のように経済が成熟した国では、健康で衛生的な生活を送るためのインフラを維持するためのコストが、インフラを提供する人たちの賃金レベルが高いこともあって、かなりのインフレ状態にある。したがって、最低限の基礎的インフラを利用するだけでも、それなりの費用がかかることを覚悟しなければならない。また食の面でも、国内産で安全なものを選んで食べようとすると、やはりそれなりのお金がかかる。

たしかに、これまでのデフレ経済下では、お金がなくてもそこそこの生活はできたかもしれないが、じつはそれは、中国などから食品や日用品を安く輸入できていたからなのである。そしてその安さの裏には、現地労働者の低賃金や劣悪な労働条件があることも見逃してはならない。地球全体の長期的なサステナビリティ（持続可能性）を考えれば、これらは当然ながら改善されるべきであり、そうなれば基礎的なインフラコストは、ますます上がっていくことになる。

こういう現実を直視せず、精神的豊かさが大事だからと、キャリアの初期からワークライフバランスのライフを優先してしまうと、なかなかキャリアが発展せず、いつまで経ってもそれほど収入はふえない。その結果、仕事にやりがいやおもしろさを感じられないまま、生活費を稼ぐためだけの忙しい日々が続くことになってしまいかねないのだ。

そうならないためには、やはりキャリアの初期には仕事にのめりこんで、仕事にやりがいを感じると同時に、稼げる力を自分のものにすることである。物理的に必要なコストはカバーできるレベルにまで仕事の能力を高めてしまえば、精神的に余裕ができるし、いったん収入を七割に下げても、やりたい仕事を優先するといった選択も可能になる。

この稼げる力がないと、つねに収入のために全力で働かなければならないから、結局、精神的な豊かさを長期にわたって維持することができないのだ。

リチャード・フロリダは前出の『クリエイティブ資本論』のなかで、給与は仕事の満足度と正の相関関係があるといっている。仕事の満足度の高い人は、仕事のやりがいをいちばんに考えるので、給与に対してはあまり不満を感じないし、実際、仕事の能力が高いぶん満足いくだけの報酬を得ているのだ。言い方を換えれば、仕事の価値や質にこだわってのめりこむように働いていれば、報酬はあとからついてくるのである。

一方、仕事はお金を稼ぐための手段だと思って働いている人は、仕事自体にやりがいがあるのだから給料はこれだけもらえれば十分との発想ができず、つねにいまより高い報酬を求めたがるため、結局いつも不満をもって働かざるをえない。

ただし、いくら仕事そのものにやりがいを感じているといっても、相場に対して不当に低い報酬で納得する必要はない。正当な収入を得る権利はきちんと主張すべきである。正しい金銭感覚をもっていなければお金を大切にすることもできず、それでは精神的な豊かさを支えられないからだ。

8 嫌いなもののリストを減らす努力が楽しいことをふやす

世に食通は数多《あまた》いるが、好き嫌いが多い食通はそういないはずだ。なぜなら、そういう人は嫌いなものを避けることにかなりの労力と時間をとられてしまって、おいしいものにたどりつき、それを楽しむ機会が限られてしまうからである。

人が感じる満足度を一点から五点の五段階に分け、不足や不自由はしていないが十分な充足感を得られるところまではいっていない、いわゆる可もなく不可もなくというレベルを真ん中の三点とすると、好き嫌いの多い人は、この三点レベルが相対的に高いのだ。

一方、三点レベルが低いと、どんなものを食べてもそれなりに満足することができるので、レストランに入っても選べるメニューの範囲が広がるし、旅先でもいろいろな料理に積極的にチャレンジできる。そうすると、五点の満足を与えてくれる料理に出会う確率も高くなるのである。

三点レベルがインフレを起こしてしまっているせいで、より大きな満足に出会うチャンスをみすみす見逃している例は、食以外にもさまざまなところで目にすることができる。

私はダイビングが趣味なので、世界じゅうのダイビングスポットに出かけていくが、日本人やアメリカ人は、部屋がきれいで空調が利いていて、バスタブがあって蛇口をひねればお湯が出るリゾートホテルを好む傾向がある。宿泊施設やサービスに対する三点レベルが明らかに高いのだ。そのために、かなり損をしているといってもいいだろう。

日本に復帰してまもない一九七〇年代の沖縄の海は、ほんとうに美しかった。しかし当時の沖縄の離島は、宿泊施設といえば民宿くらいしかなく、そういうところでは、夜は大部屋でタオルケットを被《かぶ》ってざこ寝が当たり前。天井にはヤモリが何匹も張りつき、そのヤモリが寝ている私の顔に落ちてくることもめずらしくなかった。

いまも沖縄の海は世界でも有数の美しさを誇っているが、七〇年代とくらべると、海水の透明度やサンゴの状態、魚の数は、はっきりいってかなり落ちている。理由の一つは公共事業やリゾート開発による赤土の流入。それで海が濁《にご》り、サンゴが死んで魚が減ってしまったのである。ハイライズのリゾートホテルで快適な滞在ができるようになったが、そこはかつての沖縄の海ではないのだ。

同じようなことは世界じゅうで起こっている。開発の手が入っているところほど、海は確実にダメージを受けていると思ってまちがいない。つまり、都会にいるのと変わらない生活ができないとイヤだというダイバーは、七〇年代の沖縄のような極上の海は絶対に体験できないのだ。

また、満足度のレベルはいったん高止まりしてしまうと下げるのは容易でない。

学生のときは、たとえエコノミークラスにしか乗れなくても、海外旅行に行けるだけで満足だったのに、社会人になって給与水準が高い業界に就職し、出張ばかりかプライベート旅行でもビジネスクラスを利用するようになったら、だんだんとその快適さから抜けられなくなり、気がついたら飛行機はビジネスクラスでなければ満足できなくなってしまっていたという人は、業界によってはよくある話だ。

しかし、毎回ビジネスクラスとなると費用もばかにならない。景気がよいうちはいいが、今回のような金融危機が起こると突然、大きな変化を余儀なくされる人も少なくない。かといって、ビジネスクラスのシートの広さやサービスが三点レベルになってしまうと、エコノミークラスでは学生時代に味わった幸福な気持ちにはもうなれない。

そこでビジネスクラスの費用を稼ぐために、あえて本意ではない仕事をやる羽目になることになる。そうならないためには、金銭的に余裕があっても三回に一回はエコノミークラスにするなどして、三点レベルが上がるのを防ぐことが肝要なのだ。

仕事に関しても、自分でこれが天職だと決めつけてしまうと、その仕事に就けなかった場合は意欲が湧かず、不満を抱えたまま、ただ報酬のためだけに働くことになりかねない。

こんな事例がある。豪華客船のクルーになることをめざして就職活動をしていた女性がいた。希望にかなう複数の会社から内定をもらうことができて喜んだのも束の間、家庭の事情で郷里に帰らなければならなくなり、結局、親類の紹介で地方公共団体の外郭団体に就職することになった。そこは地元ではだれもがあこがれる職場で、労働条件は決して悪くはなかったのだが、豪華客船のクルー以外は眼中になかった彼女は、その仕事になんの魅力もやりがいも感じられない。そうなると当然、成果も上がらないから評価も低くなる。それでますますやる気がなくなる悪循環にはまりこんで、結局、辞めざるをえなくなってしまったのである。

キャリアというのは、最初からこれしかないと間口を狭めてしまうと、往々にしてこの彼女のような結果になってしまいがちだ。やりたいことを絞るのではなく、やりたくないことを減らし、いろいろと経験しながらやりたいことはこれだったのだと気づくのが、理想的なキャリアの築き方なのである。

先日、私の行きつけの寿司屋に友人を連れていったときのことだ。板前さんに何か嫌いなネタはないかと尋ねられ、彼女はウニと答えた。子どものころアメリカで育った彼女は、多くのアメリカ人同様にウニが苦手だったのだ。

ところが、板前さんが最初に彼女の前に置いたネタは、見紛《みまが》うことなきウニ。板前さんに「これは食べられるはずだから」と勧められ、彼女は恐る恐るウニの軍艦巻きを口に運んだ。するとその瞬間、彼女の顔が輝き、なんと「おいしい」という言葉が口から飛び出したのだ。

「どんなネタでも、いいものを食べればおいしいんです」

Chapter 2

能力開発

⑨ 追い込まれないと開発されない基礎能力もある

内面から湧き起こり、やる気を引き出し行動を起こさせる自然なドライブのことを動機といい、これにはいくつかの種類がある。

人と仲良くしたいというのは社交動機。パーティなどで初対面の相手ともすぐに打ち解けられるのは、この動機が強い人だ。人の考えや感情を知りたいという理解動機の持ち主は、人を観察するのが得意だし、相手の話にじっと耳を傾ける聞き上手の側面もある。

この社交動機と理解動機は、ともに人間関係に関する動機であり、これらの動機が高い人は、多様な人たちとのあいだに、短時間で良好な関係を結ぶのにそう苦労しない。社会性に富んだ人というのは、人間関係動機が強い人だといってもいいだろう。

これらの動機がないからといって、社会性をないがしろにしていいというわけでは、もちろんない。社会性がなければ職場で良好な人間関係も築けないし、集団で取り組むような仕事もできない。日常生活も円滑に送れないからだ。

しかしながら、昔は人間関係動機の弱い人も、学校や会社あるいは地域のなかで、最低限必要な社会性を獲得することができた。

ところが、現代は携帯電話や電子メールなどの普及によって、多種多様な人たちとの煩わしい接触をしなくてもすむようになり、その結果、若いころに社会性を養う機会が以前にくらべ極端に減少している。携帯電話がない時代だったら、彼女の家に電話をしてもだれがその電話を取るかわからない。父親が出たら、なんとか彼女に取り次いでもらえるよう、それなりの話し方をしなければならず、そういう試練を乗り越えることで年長者とのコミュニケーションの仕方を覚えることができた。

また、地域の商店での買い物も、一対一の会話や人間関係づくりの訓練になっていたが、いまは顔の見える商店が軒並みシャッターを閉め、大型の量販店に取って代わられてしまった。そこで交わされるのは、人間関係を極力排除したマニュアルどおりの画一的な会話である。

このように、否が応でも社会性を身につけざるをえない環境が、当の社会から失われてしまったいまは、社交動機や理解動機のない人は、社会性という能力が欠けたままになってしまいかねない。

同様の社会の変化が、晩婚化や非婚化の原因にもなっている。かつて男性は、結婚して家庭を構えていないうちは一人前として扱われず、独身でいることが出世の妨《さまた》げになることすらめずらしくなかった。女性も、適齢期に結婚が理由で会社を辞める寿退社が理想とされ、いつまでも未婚のまま働いていると、「行かず後家」と揶揄《やゆ》されたりしたのである。

結婚に対する社会の圧力が高かっただけでなく、お見合いのようにそれを補完する仕組みも機能していたので、結婚のハードル自体がそれほど高くなかったともいえる。

ところが、いまは結婚しなければいけないというプレッシャーが、昔ほど社会にない。一方で、結婚に関するネガティブ情報は肥大している。それで、自信をもてない人は、安心していつまでも結婚を先送りできてしまう。

このように、人は動機にないことは積極的にやろうとしないので、なんらかの強制力が働かないとその動機にともなう能力は、ずっと開発されないまま放置されてしまうことになってしまうのである。しかし、人間関係動機に乏《とぼ》しいからといって社会性がないままでいたら、その人には一人で山にこもって壺を焼くような仕事くらいしか残らないだろう。

それでは困るというなら、自分の利き手でないものも練習してある程度、使えるようにしておかなければならない。もっというなら、強い動機から生まれる能力は、五点満点の五点まで伸ばして他者と差別化を図りながら、同時に動機にないものも最低必要レベルの三点を死守することが、ビジネスパーソンにとっては必要なのだ。

それにはまず、自分には低い動機や欠けている能力があるのだと自覚すること。

それから、どんな能力が欠けているのかを教えてくれる人を身近にもつことも重要だ。

とくに、仕事の質やプロセスにやりがいを感じ、のめりこんでいくスローキャリア志向の人は、往々にして高い目標を打ち立て、それを達成しようと頑張る達成動機や、人に影響を与え動かしたいという影響動機のような上昇志向系の動機が弱いので、リーダーや管理職になりたがらない。それではリーダーシップ能力がいつまで経っても獲得できない。

しかしリーダーシップは、どんな仕事においても今後、必ず必要になってくる能力なので、それでは困る。

そこで、上級幹部や経営幹部はめざさないまでも、プロジェクトやタスクフォース（特別作業班）の一員になる際には、リーダーやリーダー的役割をあえて買ってでるのだ。もちろん自分の動機にないことだから、かなりの負担を感じるだろうし、うまくいかないことも多いかもしれない。だが、そうやって自分を追い込んでいけば、やがて平均点が取れるくらいの実力は必ずつく。

会社の健康診断でメタボリックシンドロームを指摘されて、あわててフィットネスクラブに通いはじめても、ほとんどの人はもともと体を動かすことが好きではないので、すぐに足が遠のき、その結果、翌年またメタボと診断される羽目になるが、苦しくても三カ月から半年運動を続けることができた人は、運動が習慣化して体重が落ち、腹まわりが正常にもどったあともフィットネスクラブ通いを続けることができるようになるといわれている。

このように、動機にないことでも、三カ月から六カ月間頑張って続けることができたなら、ある程度は耐性がついて、そこから先は比較的ラクに行うことができるようになる。

ただし、過剰適応には気をつけなければならない。動機にないことばかりをあまりにも強く長く続けると、やはりどこかに無理がくる。この無理を押して頑張りすぎると、燃え尽きてしまう危険性が高いので、この点は注意が必要だ。

10 魚は対面販売で買え

最初に、与えられた知識や情報をベースに計画を立て、しかるのちに、そのとおり行動を起こすことを「計画と実行の分離」と呼ぶ。変化が少なく定型化された世界では、このやり方は合理的であり、効果を発揮することも多い。産業化社会においては、すべての側面でこの考え方がよしとされてきたきらいがある。

　例をあげれば、鉄道がそうだ。利用者のニーズ、運転手の勤務シフト、駅のキャパシティ、線路の状況、車両の数といった要素の最適な組み合わせを、一つのダイアグラムに落とし込み、そのダイアグラムどおりに整然と運行するのが鉄道の基本である。運転手が恣意《しい》的に計画を変更することなど鉄道の世界では絶対に許されない。

　一方、航空機や船舶は、パイロットや船長の判断で柔軟に計画を変更することが認められている。鉄道が自社所有の線路という決まったところを走るのに対し、飛行機や船は、空や海というだれのものでもないところを複数の会社が共同で利用するので、自己都合だけを考えていればいいというわけにはいかないのだ。また、自然の影響を大きく受けることも、いつも計画どおりにはいかない理由の一つとなっている。

　計画と実行の分離がしやすいものとそうでないものがあるのは、料理もそうだ。前者の典型は肉料理。畜産品は種類がそれほど多くなく、牛肉にしても鶏肉にしても、これが必要だとなれば、たいていのものはスーパーマーケットの精肉売場で手に入るから、肉を使った料理は計画を立て、それを実行することが比較的やりやすい。

ところが魚はそうはいかない。今日はカツオを使った料理をつくろうと計画を立てても、十二月や一月なら日本近海にはカツオはいないし、初ガツオや戻りカツオのおいしい季節でも、海が時化《しけ》たりして水揚げがないことがあり、素材の魚が手に入らなければ料理の計画はそこで頓挫《とんざ》してしまう。

このように、計画と実行の分離がしにくい魚料理の場合は、店先に並ぶ魚を見て、そこからメニューを考えるほうがより実践的で失敗が少ないといえる。そしてそれには、買い物のときに、これは何という魚で、どういう調理をすればいいかといった情報をプロの売り手が教えてくれる対面販売のほうが向いているともいえるだろう。

しかし、最近は昔ながらの魚屋が減り、対面販売の機会そのものが少なくなってしまった。その結果、一年じゅう店頭にある知名度の高い養殖魚ばかりが売れるという現象が起きている。

たしかに、いつでも必ず手に入る魚なら、事前の計画どおり料理をつくることは可能だ。だが、それは逆に、これだけ水産資源に恵まれている日本にいながら、市場で流通する魚種が減少し、特定の魚しか味わうことができないことも意味するのである。

このように計画と実行の分離がその人の可能性を狭めてしまうのは、まさにキャリアがそうなのだ。

ハーバード大出身で、いまはフランスのビジネススクールＩＮＳＥＡＤの教授であるハーミニア・イバーラも、その著書『ハーバード流キャリア・チェンジ術』（翔泳社）のなかで、キャリアの基本は「行動しながら考える」ことだと主張している。

どんなに事前に綿密にリサーチしても、その仕事を通じて自分らしさを感じられるかどうかは、実際にやってみるまでわからない。だから、まずはやってみる。そして、仕事をやりながら気づいたり学んだりしているうちに、自分らしいキャリアが少しずつできあがってくるから、そこでまたキャリアを振ることをくりかえすのが、現実的なキャリア形成だというのである。

つまり、日本の大学生にありがちな、あらかじめ人生やキャリアの目標を設定し、そこに向かって詰将棋《つめしょうぎ》のように進んでいくのは、まさしく魚料理に計画と実行の分離をもちこんでいるようなものなのだ。

日本語には、用意に対して「卒意《そつい》」という言葉があるのをご存じだろうか。

お茶の世界では、お客さまをお迎えする前に、あらかじめ季節や当日の天候などを考慮して、どんな趣《おもむき》のお茶会にするかを決めて周到な用意をする。ところが、春先の暖かい日を想定していたのに、その日になって突然、季節はずれの雪が降ってしまったといったときでも、せっかくの計画が台無しになったとは考えない。こういうときは、庭に積もった雪が見えるように茶室のしつらえを工夫するなどして、雪をプラスの要素に変えてしまうのだ。このような臨機応変の対応力のことを卒意という。

あるいは、「座持ち」という芸妓《げいぎ》に欠かせない能力。これは、お座敷にいるお客さまの状態からすかさずその日の芸を組み立てる能力のことで、この座持ち能力が高いと、客の満足度も上がって、ふたたび訪れてくれる確率も高くなる。ゆえに花街では、この座持ち能力の高い芸妓ほど高く評価されるのだ。これもまた卒意の一種といえよう。

このように、日本人はもともと、その時々の変化に応じて柔軟に対応することをよしとする文化をもっているのである。ならば、就職や転職においても、計画どおり実行することにこだわるより、卒意で対応したらどうだろう。そのほうが、より自分らしいキャリアが手に入るはずだし、みんながそうすることで、いま以上にしなやかな社会ができあがると思うのだが、いかがだろうか。

11 遊ぶ能力が低いと仕事も楽しめない

仕事に主体的に取り組んでいなければ、そこから充実感は得られず、また受け身のままではキャリアも発展していかない。だからそういう人は、遊びで充実感を得ようとする。

ほんとうは遊びにも主体性や創造性が必要なのだが、いまは昔にくらべエンタテインメントの質が格段に上がっているので、こちらのほうは受け身でもそれなりに満足できるのだ。

ただし、そういうプロの技術を利用するにはお金がかかる。それで、遊びの費用を稼ぐために、充実感のない仕事を仕方なく続けるという悪循環にはまりこんでいる人が、最近はとみにふえているようだ。

この悪循環から抜け出すには、エンタテインメントをお金で買うという受け身の姿勢をやめ、自分が主体になり、限られたリソースを使って遊べる能力を開発すればよいのである。

沖縄の石垣島には、ここ数年、都会からの移住者がふえている。ところが、なかにはしばらく暮らして、やはり合わないともどってしまう人も少なからずいるという。新しい土地で人間関係がうまく築けないことと並んで、思ったほど楽しくなかったというのも移住をあきらめる理由の一つらしい。受け身のエンタテインメントに慣れてしまった人にとっては、人工的に楽しませてくれる装置のない南の島の生活は、どうやら必ずしも快適ではないようなのだ。

沖縄には磯遊びというのがある。潮が引くと浜に出て貝を拾ったり、イノーと呼ばれるサンゴ礁内の浅瀬でタコを捕まえたりするのを楽しむのだ。ところが、都会から来た人はなかなかこの磯遊びが楽しめない。最初こそめずらしがって参加するものの、すぐに飽きてしまうのである。

そういう人たちを見て「遊びにも修業が必要なのだ」と地元のお年寄りが嘆いているという記事を、ある雑誌で読んだときはなるほどと思った。まさしく主体的に遊べるようになるには修業が必要なのだ。

同じようなことはダイビングでもいえる。初心者は、地上では味わえない浮遊感覚と、魚の乱舞する海中のスペクタクルを体験すると、すぐにやみつきになるが、その感動も二、三〇本潜《もぐ》るとだんだんと薄れてきて、結局、四、五〇本くらいでやめてしまう人がけっこう多い。一方で十年、二十年と長く続けている人もいる。そういう人は、ハゼの写真をきれいに撮るとか、今度はこの魚を発見しようとか、課題やテーマをもってダイビングを行っているのがふつうだ。そうやって自分でダイビングの楽しみを引き出す術《すべ》を知っているから惰性《だせい》にもならず、長く続けることができるのだといっていいだろう。

そして仕事も、これとまったく同じだといえる。受け身でやっていたら決して楽しめない。しかも仕事は遊びと違って、本来、楽しむのが目的ではないので、楽しむためには遊び以上に修業が必要なのである。

まずは、お金のためといった手段としてではなく、それ自体にやりがいを感じられる、あるいは、みずからの主体性を発揮できる、そういうレベルの仕事に就くこと。

それから、自分の動機をうまく利用する。日本の航空会社で国際線に乗務しているある客室乗務員は、搭乗時に乗客の様子を観察し、機嫌の悪そうな人がいると、目的地に着くまでにこの客を絶対に笑顔にしてみせると決めるのだという。おそらく彼女は達成動機や影響動機が強いのだ。その動機を活かして仕事にゲーム感覚をもちこんでいるのである。闘争心の強い人なら、職場にライバルを設定するのもいいかもしれない。

自分の趣味や得意分野の知識を仕事に応用するという手もある。楽しそうに仕事をしている人を見つけて、やり方を真似てみるのもいい。

要するに、いわれたことを漫然とこなすのではなく、どうすればもっと楽しく働けるかを考え工夫することで、主体性を自分に取りもどすのである。

仕事に意味ややりがいを感じられるようになれば、お金がかかる受け身の遊びで充実感を補完する必要もなくなるし、仕事は仕事、遊びは遊びで、より積極的に楽しむことができるようになるはずだ。

⑫ 自分がされてイヤなことは他人にしてはいけないでは不十分

かつては大手企業のサラリーマンといえば、ほとんどが国内の大学を出て新卒で入社した男性で、しかも、そのまま定年まで勤め上げるのがふつうだった。同じような背景をもった人たちが、同じレールの上を歩いていくのだから、お互いのことを理解し合うのは、そう難しいことではなかったのである。

ところが、現在のように従業員の多様化が進むと、自分の人生経験や職務経験に照らし合わせても、理解や判断ができないケースがふえてくる。

たとえば、女性の社会進出が一般的になって、部下の女性から、子育てをしながらでも仕事を続けキャリアを途切れさせないほうがいいかとか、子どもが小さいうちは育児に専念してそこから仕事を再開しても、それまでのキャリアは無駄にならないかといった相談を受けても、育児を経験していない男性には答えようがない。

また、多様性というとすぐに、性別、国籍、人種といった表面的なものに目がいきがちだが、その本質はものの見方や感じ方、価値観といった内面的なところであって、この内面の多様性こそが、これからの組織ではとくに重要になってくる。というのも、さまざまな価値観が内包された組織ほど創造性に富み、意思決定の質が上がるからだ。

リチャード・フロリダは、クリエイティブワーカーと呼ばれる人たちが好む住環境のキーワードは多様性であり、その多様性の指標を「ゲイ指標」と名づけている。これはゲイがクリエイティブだという意味ではなく、ゲイさえも受け入れる多様性への許容度の指数である。また、『トイ・ストーリー』や『ファインディング・ニモ』の制作で有名なピクサー・アニメーション・スタジオのCEOも、ピクサーの創造性の豊かさは、一人の天才ではなく、さまざまな才能をもった人たちが上下関係のない組織のなかで切磋琢磨《せっさたくま》をくりかえした結果なのだと、多様性とクリエイティビティの密接な関係を否定しない。

それから、企業が新しいマーケットを開拓する際にも、多様性は不可欠だ。中国に進出する企業が中国を生産拠点としてしか考えていないなら、社内が多様化していなくてもあまり問題はない。しかし、そこを新たなマーケットにしようというなら、一面的な価値観では成功しないだろう。多種多様な発想ができなければ、新市場に受け入れられ需要をつくりだせるだけの商品開発やマーケティングは難しいからだ。

ただし、多様性がある組織をつくるのは、決して簡単なことではない。よく、女性を管理職に何人も登用していることを組織の多様性としてアピールする会社があるが、その女性たちの考え方や行動が、ほかの男性たちとなんら変わらなければ、それは多様性とはいえない。違いをそのまま受け入れマネジメントできなければ、ほんとうの多様性にはならないのである。

しかし、自分と違う人間を理解し認めるのは、相当な覚悟と訓練が必要である。それは夫婦であっても例外ではない。夫には切迫性という、なんでも前倒しでやらないと気がすまない動機が強く、妻にはこの動機がないというケースを考えてみよう。

ある日曜日、二人でデパートに出かけることになった。出発は夫の提案で朝十時。ところが、まだ十時までには一、二分あるというのに、夫のほうはもう玄関で靴を履《は》いて腕時計をにらんでいる。一方、妻はというと、まだ鏡台の前で化粧の真っ最中。ようやく出てきたと思ったら、あれを忘れた、これもやっておかなければと次々に用事を思い出し、結局、家を出たのは十時を大幅に回ってからだった。

夫はこの妻の態度に腹を立て、「十時に出発するといったのに、なぜそれに合わせて準備できないいんだ」と声を荒げる。すると妻も、「十分や二十分遅れたくらいでデパートが逃げるわけじゃあるまいし、なんでそんなに急《せ》かされなきゃならないの」と反論し、いつものように夫婦ゲンカが始まる。

切迫性の強い夫にとっては、じらされることがいちばん不愉快なので、この奥さんの態度は我慢ならない。ところが、切迫性のない奥さんは、多少遅れたところで気にもならないので、夫がなんでそんなに怒るのか理解できない。だからケンカになってしまうのだ。

ここで注意しなければならないのは、お互いに、自分がされてイヤだと思うことはしていない点である。つまり、自分の気持ちや感情だけで相手のことを理解しようとしても、必ずしもうまくいかないのだ。

じつは、私自身も切迫性がかなり高い人間で、相手があまりにのんびりしていると、もっとテキパキやってくれよとすぐにイライラしてしまうほうなのである。そして、それはだれもがそう感じるものだと思っていた。

ところがあるとき、動機のアセスメント分野の専門家である知人から「高橋さん、世の中には切迫性がない人もいるのですよ。そういう人は何がいちばん不愉快か知っていますか。それは急かされることなのです」といわれ、たいへんショックを受けた。せっかちな私はいままでどれだけの人を急かせてきたことか。急かされる人はそれを負い目に思っても、まさかそのことを不愉快に感じているとは考えてもいなかったからだ。

だが、相手がどういう動機の持ち主で、何を不快に感じるかがわかればいいが、実際にはそれを正確に知るのはかなり難しい。しかし、それができなければ、多様性のある組織づくりなど不可能だということになってしまう。

では、どうすればいいのか。

まずは相手ではなく自分を理解するのである。人は一つの動機で動いているわけではない。そこで自分を突き動かしている動機をすべて書き出し、続いて、どの動機がどの程度の影響力をもっているか、動機ごとの強弱を分析してみる。

いくつかある自分の動機のなかで、日本人の平均とくらべて強くも弱くもないと思えるものは、自分がこう感じるのだからほかの人も同じように感じているだろうと考えても大きな問題にはなりにくい。大事なのは、とくに強い動機と弱い動機だ。つねに人より過敏に反応してしまったり、逆にほかの人がなぜそんなところにこだわるのかピンとこなかったりするのは、その部分を支配する動機が強い、あるいは弱いと考えられる。そういう動機にかかわるものに関しては、自分と他人とは感じ方や行動が違うのだという前提に立つようにするのである。

さらに、自分と違うリアクションをとる相手に腹を立てたり、否定したくなったりしたら、そこでひと呼吸置いて、彼にそういう行動を起こさせる動機や価値観を想像してみるといいだろう。

こういうことを習慣化していると、やがて自分とは違った動機の人間がいることを楽しめるようになってくる。多様性を受け入れるとはそういうことなのである。

⑬ 意思決定を無理に論理的にしようとすると裏目に出ることが多い

意思決定は、客観的かつ論理的になされるべきだと一般的には思われているようだが、それは必ずしも真実とはいえない。あまりに客観や論理にこだわると、意思決定ができなくなったり、かえって結果が裏目に出たりするのは、多くの専門家の指摘するところである。

首都大学東京大学院の社会科学研究科経営学専攻教授であり、意思決定を専門に研究している長瀬勝彦氏によれば、人間の意思決定は、主観的あるいは直感的に行われているのが通常の状態であって、客観や論理は主観的な意思決定を補完するのには役に立つが、それを主役にしてしまうと、逆に意思決定を誤る可能性が大きいのだそうだ。

また、アメリカのキャリア研究の第一人者の一人であるジェラート博士が、直感的意思決定論を主張している。キャリアにおいては意思決定を論理的に行おうとしても、あまりに情報が莫大で処理しきれず、また、どの就職先を選ぶと将来こうなるというシミュレーションをしようにも、不確定要素がありすぎてうまくいかない。それゆえキャリアの意思決定は、直感に頼るべきだというのである。

直感的意思決定がなぜ論理的なそれより信頼できるのかは、有名なイチゴジャムの実験が証明している。

高級品から安モノまで、グレードの異なるイチゴジャムを何種類か用意して、一般の人にどれがいちばん高級品かを選んでもらうブラインドテストを行うと、かなりの確率で実際の高級品が選ばれたという。そこで、もう一度同じ実験をやってもらうのだが、今度はなぜそれが最高級品だと思ったのか、理由も合わせて発表してもらうという条件をつける。すると、まるっきり直感で選んだ一回目より、正しいものを選ぶ確率が明らかに下がるのだ。

これは、論理的に意思決定しなければならないというプレッシャーが、かえって直感に蓋《ふた》をし、精度を落としてしまうからだと説明できる。

客観や論理よりも直観が優位だというのは、結婚もそうだ。結婚して長年経った夫婦を対象に、現在の満足度と、結婚前にどれだけ時間をかけてパートナーを選んだかという質問をしたところ、ほとんど時間をかけなかった人と、極端に長い時間をかけた人は、ともに満足度が低いとの調査結果がある。下手な考え休みに似たり、ではないが、論理的に熟慮を重ねたからといって、そのぶん成功確率が上がるわけでは断じてないのである。

このように、キャリアや結婚を成功させるためには、論理よりも直観を磨いたほうが有効なのは、どうやらまちがいない。しかも、前出のジェラート博士によると、幸いなことにキャリアの直感は、練習によって強化することができるという。

たとえば、直感的意思決定能力の一つである感情予測機能は、将来こういう状況になったとき、自分や周囲の人はどういう感情を抱くかを、自分で状況設定して頭の中でシミュレーションすることで高められるのだ。ちなみに、私はこの想像の翼を広げる力のことを「妄想力」と呼んでいる。

ところが、仕事で論理的なことや現実に基づいたことばかりやっていると、自由に妄想を働かせる能力が衰えて直感力が働かなくなってしまうので気をつけなければならない。

そうでなくても、答えは一つでそのとおり書けば○、違っていたら×というような教育を幼いころから受けてきた日本人は、キャリアに関しても無意識のうちに正しい唯一の答えを論理的に探そうとしてしまって、直感力を抑圧しがちなのである。

ただし、論理思考が必要ないというわけではない。先に述べたように、論理の裏づけは直感力を補完するためには有効だし、また、阿吽《あうん》の呼吸や以心伝心の通用しない、価値観や考え方の違う人たちといっしょに仕事をするときも、意思の疎通《そつう》を図るカギは論理に基づいた会話だ。

けれども、意思決定においては、まずは論理より直感を重視すべきなのであり、直感的に思いついたことを検証し伝達するためにこそ論理が非常に重要になるのだということは、肝に銘じておいたほうがいいだろう。

⑭ 他人に教えることができてはじめて習得したといえる

最近は、出世したいとか管理職になりたいとか思わないビジネスパーソンがふえているそうだが、たとえ上昇志向がなくても、人に教える機会は積極的にもったほうがいい。

また、人間関係動機が弱い人も、そのほうがラクだからと自己完結的な仕事ばかりやらず、人の成長に寄与する仕事をぜひやってもらいたい。なぜなら他人に教え成長を促すことではじめて、自分のもっている知識が自分のものになるからだ。

人は物事を理解するとき、詳細を一つひとつ確認し、頭の中で整合性を検証しながら体系立てるようなことはあまりしていない。本質は何かが直感的にわかるのが、通常の理解である。その意味では、理解とはきわめて右脳的な行為だといえる。

しかし、理解しただけでは、それはその人の暗黙知で終わってしまって、職場やチームの共有財産にはなりえない。それゆえ、理解はしても周囲にそれを伝えることのできない人は、ビジネスパーソンとしての価値が高いとはいえない。

だから、キャリアを発展させるためには、理解したことを言葉にして伝える能力もあわせて獲得することが必要なのである。ただし、これは決して簡単なことではない。理解を深めれば伝わるというわけにはいかないからだ。

理解するのは右脳だが、その右脳の中でできあがったイメージを言葉にして伝えるのは左脳。この二つの脳をバランスよく使えないと、直感で得た理解を人に伝えることはできない。

ちなみに、オペラ歌手は右脳と左脳をつなぐ脳梁《のうりょう》が一般人とくらべてかなり発達しており、これは、メロディやリズムを司る右脳と、言語中枢《ちゅうすう》のある左脳とのあいだで、歌っている最中に目まぐるしく情報交換が行われるからだといわれている。優秀なビジネスパーソンとは、まさにこのオペラ歌手のような脳の使い方ができる人のことなのである。

理解で大切なのは直感機能だが、伝達や説明は直感ではできない。あくまで論理的でなければならないのだ。言語や人種、性別が違えば、同じものを見たり聞いたりしても、感じ方まで同じことは少なく、むしろ違って当然である。ところがビジネスでは、そういう人たちともノウハウや考え方を共有しなければならないのだ。そこで、共通のバックグラウンドのない人にも理解してもらうために、論理という共通言語が不可欠になってくるのである。

では、論理的に説明する能力はどうすれば高めることができるのだろうか。いちばんいいのは、人に教えることだ。自分が理解したことを後輩や同僚に教えるのは、論理的に伝える格好のトレーニングだといっていいだろう。

また、人に教えるのは、人の成長に手を貸すことでもある。教えられる人とのあいだに人間関係や信頼関係ができあがれば、今度はその関係性のなかで、自分が教えられたり助けられたりする立場に回ることもあるだろう。教えるという行為には、そのような社会関係資本づくりの布石という一面もあるのである。

ハーバード・メディカルスクールの教授であるジョージ・E・ヴァイラントは、三つの古い先行研究を引き継いで、合計八〇〇人以上を六十年以上にわたって追跡し、心身ともに健康で生き生きとした幸せな老いと、そうでない老いとの違いは、それまでの人生の何によって左右されるのかを調査した。彼の著書『50歳までに「生き生きした老い」を準備する』(Aging Well、ファーストプレス)は過去に例を見ない詳細な研究結果の本である。

彼は幸せな老いに必要な成人の六つの発達課題として、「アイデンティティ」(自己の確立、自分に対するポジティブなイメージ)、「親密性」(良好な夫婦関係の構築など)、「職業の強化」(仕事を通じた社会的アイデンティティの強化)、「生殖性」(発達心理学者エリク・H・エリクソンの造語 generativity の翻訳。親として、支援者メンターとして次世代の育成にかかわること)、

「意味の継承者」（不特定多数への意味の伝承）、「統合」（それら全体を別々のものでなく一体のものとして自分なりの解釈をもち、自分自身に内部化すること）をあげている。

生殖性の高い人たちは、子どもや若い世代の人たちからも学んでいるが、生殖性の低い人は子どもから学ぶことなどないと調査でいっているそうだ。人の成長にかかわることで自分自身も成長できる。自分の子どもにかぎらず、次世代の人たちの育成にかかわっていくことは、自分自身でも気づかなかった学習効果が大きく、自分が教えているというより、自分が学習していることのほうが大きいと多くの被験者が答えている。この発達課題を乗り越えないと、幸せな老いが訪れる可能性は高くならないということのようだ。

15 いま何を知っているかよりも、新しいことを学ぶ能力が大切

人件費の安い沖縄にはコールセンターが数多く存在し、若者の雇用のかなりの部分を創出している。そのコールセンターの草分けがＣＳＫコミュニケーションズだ。現在では沖縄県内で約五〇〇〇人、全国では約二〇〇〇〇人を雇用する大企業に成長した同社だが、一九九八年

に那覇市でＣＳＫコールセンター沖縄として業務を始めた当時は、三〇人の社員を採用するのにも四苦八苦していた。

ＩＴのインバウンドのコールセンター、つまりソフトやハードに関する顧客からの質問や問い合わせに対応する業務に必要なのは、コミュニケーション能力とＩＴの専門知識である。ところが沖縄の若者は、コミュニケーション能力は高いものの、そのころはまだＰＣ（パソコン）があまり普及していなかったこともあって、ＩＴに関する十分な知識やリテラシーをもった人が少なく、入社試験を行っても、ほとんどが合格ラインの七〇点に到達しないありさまだった。

とりあえず七〇点以上という枠を外し、成績上位三〇人を合格にして、東京で三カ月間、徹底的にトレーニングしたところ、なんと二八人が辞めてしまったのだという。厳しい管理下で集中的に知識を詰め込まれるようなトレーニングに、沖縄の若者は慣れていなかったのだ。

そこで会社側は考え方をがらりと変えて、採用試験を二段階選抜にすることにした。最初の試験で四〇点以上を取った人は全員一次試験を通過させ、彼らには自分で勉強できるように参考書を与える。そして二週間後にふたたび試験を行い、一次試験と二次試験の点数をくらべて、点数の伸びが大きかった上位三〇名を採用するようにした。さらに、入社後研修も東京でのトレーニングは一カ月と短縮し、残りは沖縄にもどって各自が自律的に勉強するように変えた。すると定着率も上がり、短期間で戦力化が行えるようになったのである。

この採用方式への転換が、同社が現在の繁栄を享受する最大要因の一つであるといっても過言ではない。というのも二十一世紀は明らかに、ある時点でより多くの知識をもっている人より、自律的に新しいことを学ぶ能力を有する人のほうが将来の生産性は高いからだ。

二〇〇〇年に出版した『キャリアショック』（東洋経済新報社、ソフトバンククリエイティブ・SB文庫）にも書いたが、現代のような変化の激しい時代においては、市場性のあるスキルや資格、専門性といった「エンプロイアビリティ」よりも、継続的に自分のスキルを高めていくことのできる思考・行動特性である「キャリアコンピタンシー」のほうが、自分らしいキャリアを築いていく際には重要なのである。

サルはヘビを怖がるといわれているが、生まれてから一度もヘビに遭遇したことのないサルは怖がらない。サルがヘビを怖がるのは遺伝ではなく、ヘビと出会って怖い思いをしたサルだけが学習して怖がるようになるのだ。

一方、人間もサル同様に、ヘビを怖がるようあらかじめ遺伝情報に書き込まれているわけではない。だが、サルと違ってヘビと接触したことがない人も、ヘビを怖がる傾向にある。それは、他人の感情を共有する能力が人間にはあるからだ。

人間の赤ん坊は、生後三カ月で近くにいる人の表情を読むことができるようになるといわれている。自分を抱いてくれている母親がテレビに映ったヘビを見て恐怖や不快を示す表情になったら、赤ん坊は自分に危害を加えられたわけでもないのに、ヘビは怖いものだと認識することができるのだ。

人間はこのように、学習を共有する能力が高いから滅びずにここまで数をふやすことができたのだといってもいいだろう。もしこの能力がなく、自分の体験や遺伝情報がすべてだったら、新たな天敵が現れたとき対処できず、とっくに滅びていたかもしれない。

環境が変化したときに生き残れるのは、強靱《きょうじん》な生物ではなく変化に適応できる種だといったのはダーウィンだが、人間は学習を共有する能力があったおかげで、さまざまな変化にも対応することができたのだ。

キャリアコンピタンシーというのもこれと同じ。どんな環境でもみずからキャリアを切り拓いて生き残っていくための大事な能力なのである。

このキャリアコンピタンシーを磨くには、就職や転職の際、過去の蓄積を活かそうとするのではなく、あえて新しい知識やスキルがないとできない仕事を選ぶといい。

マネックス証券を立ち上げた松本大氏は雑誌のインタビューで、新卒で外資系の投資銀行に入社したのは英語が得意だったからではなく、反対に英語が不得手だったからだと語っている。外資系の企業に入れば、イヤでも英語を勉強しなければならない。そういう環境に自分を追い込むことで苦手な英語を克服しようとしたのだ。まさに未来志向のキャリア開発といっていい。

松本氏はもともと、みずから学ぶというキャリアコンピタンシーが高かったともいえるが、そうでない人でも、新しい能力やスキルがないとどうにもならない仕事にチャレンジすることで、キャリアコンピタンシーを高め、変化に強い人間になることは可能だ。

知識や情報というのは、あっという間に陳腐化する。そういうものに頼っていたら、キャリアはどんどん狭まっていくしかないのである。

Chapter 3

キャリア形成

⑯ 新しい環境には適応すれど同化せず

みずからの意思で転職する、あるいは社内の事情でまったく別の部門に異動するなどの理由で、仕事の内容や環境がそれまでと一八〇度変わるのは、ビジネスパーソンならだれにでも起こりうる。

その場合、新しい組織にいち早く適応し、チームの一員として機能できるようになるのが大事なのはいうまでもない。だが、そうなったとき、それまでのキャリアで培《つちか》った自分らしさまで捨ててしまって同化しようというのはまちがいだ。

キャリアチェンジとはオールクリアのことだと考えていると、往々にしてそれまで積み上げてきたものをいったん白紙にして、新たに一からキャリアをつくるという発想に、どうしてもなってしまいがちである。

日本人が異業種や異分野への転身に対しネガティブなイメージを抱いてしまうのは、まさにキャリアチェンジとオールクリアが同義だからである。せっかく獲得したスキルやノウハウが、もう使えなくなってしまうという喪失感にさいなまれるからにほかならない。ややもすると予期せぬキャリアチェンジは、予定どおりのキャリアパスからの落伍者というイメージになりやすい。

しかし、表面的な知識や情報は使えなくなるかもしれないが、新しいことを学ぶ力やリーダーシップ、人間力といったいわゆるメタコンピタンシーにあたるものは、たとえ業種や職種が変わっても、それまでのキャリアで得た経験を活かすことができるのである。

拙著『人が育つ会社をつくる』（日本経済新聞出版社）でも取り上げた、ファミリーハウスというＮＰＯ法人で事務局長を務める植田洋子氏は、中堅メーカー、外資系企業、そして現在のＮＰＯ法人と、それぞれまったく違う環境でキャリアを築いてきている。

最初の会社は、社内の合意を得るには根まわしが欠かせないなど、典型的な日本的組織だった。ところが次の外資は、何事もオープンな議論で決めるのが当たり前。同じ合意形成手法がまったく通用しない正反対の環境で働いてきたから、新しい組織にすかさず適応するにはどうしたらいいかを身をもって知っているし、さらに、どこでも通用する普遍性の高い能力も彼女は身につけているので、ＮＰＯ法人という一人ひとりが役に立ちたいという強い意識をもっている一方で、退職率が高く、マネジメントの非常に難しい組織の事務局長が務まるのである。

逆に大手企業しか知らない人だと、十分なリソースのある組織のマネジメントしか経験していないので、ＮＰＯのような異質な環境のマネジメントに大企業のスタイルをもちこみ、適応障害を起こすケースが少なくない。

問題は無意識的に自分に刷り込まれたスキルや経験を絶対視するか、すべて捨て去るかというところにある。重要なのは、自分の置かれた新たな環境を距離を置いて客観的に眺め、そこで自分らしさの基本を活かしながら、うまく適応するための方法論を探し出すというスタイルである。

自分はキャリアチェンジをするつもりはないという人も、現在のような変化の激しい時代に生きているかぎり、好むと好まざるとにかかわらず、二、三回のキャリアチェンジは免れないと覚悟しておいたほうがいいだろう。つまり、自分らしいキャリアを築こうと思ったら、植田氏のように普遍性の高い能力を身につけておくことは必要不可欠なのである。

また、初対面で自己紹介をするとき、それがプライベートの場であっても、必ず最初に会社名を口にする人は、会社と一体化することがそのままキャリアアイデンティティとなっている可能性が高いから、キャリアチェンジがそのままキャリアショックとなる恐れがある。

その意味でも、キャリアアイデンティティは会社ではなく仕事に求め、ふだんの仕事では表面的なスキルではなく普遍性の高い能力を養うことに注視し、いざというときはキャリアチェンジも辞さない気持ちでいるべきだ。

前出のハーミニア・イバーラはもっと積極的に、キャリアチェンジでキャリアアイデンティティの再構築をすべきと主張している。初期のキャリアはしばしば、周囲からの期待の反映や既成概念による思い込みなどで形成されるので、ほんとうに自分らしいものになっていない可能性が高い。ゆえに三十代、四十代で何度かキャリアチェンジをして、新たな自分像を築くのはむしろ望ましいというのである。

ただし、その場合も過去を捨てる必要はない。キャリアチェンジのたびに、メタコンピタンシーのような普遍的な能力を伸ばしていくのだ。

だから、同化してはいけないのである。適応とは新しい組織とうまくやっていくことだが、同化とはその組織とまったく同じになることだ。同化してしまっては、自分らしさの根源である普遍的能力まで失われてしまう。適応しても同化せず。キャリアチェンジの際はこうでなければならない。

17 キャリアは目標ではなく習慣でつくられる

多くの人がそうするが、最初に目標を立て、そこから逆算するキャリアデザインの仕方は、じつはまったく現実的ではない。なぜなら、キャリアは人との出会いや世界経済の動向など、さまざまな要素が複雑に影響し合いながらできあがっていくものだからだ。これから起こるそれらのことを事前にすべて予見し織り込んだシナリオを描くなど、できるはずがない。とくにいまのような変化の激しい時代はなおさらだ。

私の所属するSFCのキャリアリソースラボラトリーでは、かつてビジネスパーソンを対象にした大規模なアンケート調査を行ったことがある。そのときの「自分らしいキャリアを築いてきたと思うか」と「五年後、十年後の明確なキャリアゴールを意識してきたか」という二つの質問の相関関係を見ると、わずかに〇・一しかなかった。つまり、ほとんど相関はないということだ。

一方で、目標をもつこと自体は決して悪いことではない。同程度の実力のアスリートでも、何も考えず練習をしている人と、次のオリンピックで金メダルを獲ることを目標にしている人とでは、やはり記録の伸びが違うはずだ。それは、目標からデザインしたシナリオが有効に機能するという意味ではなく、目標がその人の内なる動機を引き出す要因となるからである。トップアスリートやアントレプレナー（起業家）のような人たちが、しばしば目標をもつことが重要であると口にするのは、それがモチベーションを高めることを身をもって知っているからにほかならない。

キャリア形成においても、モチベーションを上げるためと考えるなら、達成動機や上昇志向の強い人に限っては中長期の目標は有効だといえよう。だが、目標に縛られて身動きできなくなってしまっては、かえって充実したキャリアをつくる妨げになってしまう。目標は絶対的なものではなく、むしろ状況の変化に応じて柔軟に変化させるものというくらいに考えておいたほうがいいだろう。

自分らしいキャリアをつくるには、目標よりむしろ仕事の習慣を大事にすべきだと、キャリア研究の世界的な権威であるアメリカ・スタンフォード大学のクランボルツ博士は主張する。

彼は日本よりはるかにキャリア選択の自由度が高いアメリカのビジネスパーソン五〇〇人

に聞き取り調査を実施し、その結果、キャリアの八〇パーセントは偶然の出来事によって左右されることや、その偶然がどれだけ起こるかは、仕事などのふだんの習慣によって決まることなどを謳《うた》った「計画的偶発性理論」を打ち立て、一九九九年にカウンセリング学会誌で発表した。ちなみに、SFCのキャリアリソースラボラトリーは、二〇〇一年のカンファレンスにクランボルツ博士を招待している。これが、計画的偶発性理論が日本に紹介された最初である。

それでは、キャリアが発展するような習慣は、どうすれば身につくのだろうか。まずは、自分にどんな能力が足りないのかに気づくことから始めることだ。

たとえば、伝達動機が高く理解動機の低い人は、しばしば相手の発言を遮《さえぎ》って自分の意見を話しはじめる傾向があるので、他人からは「人の話を聴かない」と見られがちだが、自分では気づいていないことが多い。この場合、その人の傾聴能力は「無意識無能」状態にあるといっていい。

そこで、気づきのプログラムなどを受講したり、周囲からあえてネガティブフィードバックをもらうなどして、自己評価と他者評価の差を確認するのである。すると、それまで自分ではわからなかった欠点や弱点が見えてくる。もしそこで「どうやら自分は人の話を聴かないらしい」ということが理解できたなら、傾聴能力は「意識無能」状態になったといえる。

そうしたら、次は意識無能を「意識有能」状態に引き上げるために、トレーニングやコーチングを受けるのだ。ただ、動機にないことは、いったん意識有能状態になっても、意識しつづけないとだいたい二週間で元の無意識無能状態にもどってしまう。だから、三カ月から六カ月は頑張ってトレーニングを継続すること。そうすれば、そのたびごとに取り立てて努力しなくてもきちんと人の話が聴ける、すなわち「無意識有能」状態になることができる。

キャリアに役立つよい仕事の習慣は、こうやって獲得するのである。

この習慣化は、短期の行動目標と連動させることが重要だ。よく自己啓発書には「夢に日付を入れる」などと書かれているが、日付を入れるべきは夢ではなく行動である。

さらに、人生やキャリアはその長い経験から得られた知恵そのもので築かれるわけでもないようだ。

ジョージ・E・ヴァイラントは、知恵ではなく行動こそが老後の幸せを担保すると調査結果から述べている。対人的な感受性や道徳的成熟度などに関する知恵を測定するロウヴィンガーの知恵のテスト、つまりどう対処すべきかを知っているかのテストと、防衛機制（困難な状況に対して自身でそれを乗り越え、癒そうとする無意識の対処行動）成熟度、そして幸せな老いの双方には相関がなかったという。幸せな老いとの相関が高かったのは防衛機制の成熟度、つまり無意識的習慣的な成熟した行動のほうであって、何を知っているかの知恵ではなく、無意識的ながら実際にどう行動したかが幸せな老後をつくるらしい。

18 キャリアの舵取りはキャリアフェーズのネーミングで行う

一本調子のキャリアでは、必ず途中で停滞し行き詰まるか、予想外の環境変化に振りまわされる。ゆえに、数年ごとに節目が来て、そこから違うフェーズ（局面・位相）に移っていくことを前提にしたキャリアデザインを考えるのが現実的である。

節目を感じたらまずやることは、仮にそれまでの三年間が一つのフェーズになっていたとしたら、のちに人生をふりかえったとき、このフェーズにはどんな名前を与えるのがふさわしいかを考え、それから、次のフェーズはどういうネーミングにするかを決めるのである。

たとえば、どうも特定の狭い分野で専門性に固執しすぎて、キャリアの根が細くなってしまったような気がするなら、直近の三年間のフェーズには「専門深掘りフェーズ」という名前をつける。そうすると、「キャリアの根を太くする」次のフェーズにふさわしいネーミングが見えてくるので、ならば思い切ってそれまでとはまったく違う分野にキャリアを振ればいいのだと、舵《かじ》を切る方向が明確になるのである。

あるいは、自分らしさをあまり感じない仕事をしてきたと思うなら、次のフェーズは「キャリアアイデンティティの追求」がいいだろうし、いまの仕事を続けていても先がないと思うなら「ジャンプアップ」という次のフェーズにふさわしい名前がおのずと浮かんでくる。

節目でジョブチェンジをする場合にも、前のフェーズでそう感じざるをえなかった原因は会社、仕事、上司のどこにあったのかをはっきりさせておかないと、フェーズの舵取りを誤りかねない。会社が合わなかったのか、仕事が合わなかったのか、上司が合わなかったのかで次のステップは大きく異なる。前のフェーズのポジティブ面とネガティブ面を整理して、今度のフェーズではどの部分を重視するかをはっきりさせておくことも重要なのだ。

また、最近はワークライフバランスに対する関心が高まっているが、キャリアのすべての段階でワークとライフのバランスがとれているのは現実的ではない。フェーズによってどちらかに偏っていても、一生を通して見たらバランスがとれていればいいのである。

例をあげるなら、キャリアの初期段階は普遍的能力を獲得して基礎を固める時期なので、二十代はワークが主体となるのが当たり前なのだ。しかし一生、仕事中心では幸せな人生とはいえないだろう。そこで、結婚して子どもができたら数年間は、配偶者とのコミュニケーションや育児に生活の中心を置き、その後はまた軸を仕事にシフトする。家庭に重きを置くフェーズをつくっておけば、のちに仕事に没頭し何年も単身赴任するようなことになったとしても、それほど大きな問題には発展しないだろうが、それなしにつねに仕事優先だと、家庭に亀裂が入る確率はかなり高くなる。

同様に、インプットとアウトプットも、このフェーズはスキルや知識の蓄積にあて、次のフェーズではそれを使って成果に結びつけるというように、長期的な視野でバランスをとるようにする。とくにフリーランスに近い形態で仕事をしている人は、長い時間軸を意識してマネジメントしていかないと、結果が欲しくてアウトプットばかりしているうちに、気がついたら自分のなかのリソースが枯渇《こかつ》していたということになりかねない。

先に、大事なことは二つ以上あったほうがいいという話をしたが、その二つを常時、均等に扱うのではなく、このフェーズではどちらを優先するのかをはっきりしておくことが大切なのである。

19 辺境の仕事・辺境の組織がキャリアを強くする

ピラミッド型組織でキャリアを始めると、若いころにまかされるのは、どうしても分業化された末端の仕事になりがちだ。ところが、その種の仕事は自分で考え、行動し、結果を出すという自己完結的な内容ではないことが多く、一生懸命やってもなかなか自己効力感を味わうことができない。それで、仕事の意味が理解できずに、自分は所詮、組織の歯車にすぎないのではないかとの焦りで頭がいっぱいになってしまう人が多いようだ。

日本がまだ成長期だったころは、どの会社も平均年齢が低く、また海外展開など社をあげて挑戦する新たな課題にも事欠かなかったので、若くても意欲さえあれば、裁量権や決裁権もあって、責任とやりがいのある仕事に就くことができた。

ところが、現在のように会社も市場もある程度、成熟してくると、大きな仕事の大事な部分をまかせられる人は中堅クラスにたくさんいるので、やる気があっても若いうちは、なかなかチャンスが回ってこないのである。

では、若者は歯車として仕事に甘んじるしかないのだろうか。必ずしもそういうわけではない。メイン事業ではない辺境の仕事を買ってでればいいのだ。

会社には通常、規模も蓄積もあるメイン事業と、将来のために種を蒔《ま》く目的で取り組んでいる、それ以外の仕事がある。そういうものはメイン事業にくらべれば、経営陣の関心もそれほど高くなく、失敗することもある程度、織り込みずみなので、希望すれば若い社員でもまかせてもらえる可能性は高い。

それに、そういう仕事は規模が小さいから、全体像を把握しやすいし、自分の発想を活かすことも容易である。

何より、大組織の一部分では経験できない経営目線や顧客目線で仕事ができる。つまり、辺境の小さな仕事ほど仕事の目線を上げるのに役立つのだ。

長所はまだある。会社のメイン事業の場合は、すでに過去のノウハウが十分蓄積されていることが多く、そういうものを知っている先輩に聞けばみなが教えてくれるので、自分で考えて壁を乗り越える力がなかなか身につかないが、辺境の仕事はそうはいかない。自分で試行錯誤を重ねながら正解を見つけていくほかなく、そのぶん苦労しなければならない。その代わり自律的に仕事をする力は確実につく。

こういうと、それなら若いうちは大企業よりもベンチャーで働いたほうがいいのかと思うかもしれないが、問題はそう単純ではない。

ベンチャー企業の存在意義が新しいことに挑戦するところにあるのはまちがいない。だからといって、ベンチャーの社員がみな自律的に仕事をやっているのかといったら、そんなことはないのである。よきにつけ悪しきにつけ社長しだいなのがベンチャーだ。外からは挑戦的な会社に見えても、実情は社長がすべて決めてしまって、社員は将棋の駒のように社長のいいなりというところも決して少なくない。また、社長の事業目線が低いと、その場合は社員の仕事目線も必然的にそれ以下にとどまってしまうのだ。

ベンチャーは社長しだいなのだ。

そう考えると、人材が豊富で本業以外にもさまざまな事業を手がけている大手企業のほうが、リスクヘッジが効くともいえる。

いずれにせよ、若いうちはたいした仕事をやらせてもらえないとクサるのではなく、みずからの意思で辺境の組織に身を置き、小さい仕事にチャレンジするなどして、普遍的な能力を高めキャリアに自信をつけることが大切だといえよう。

20 好きなことと向いていることは違う

だれにでも好きな異性のタイプはあるだろう。だが、好きなタイプがそのまま結婚相手になるかというと、じつは案外そうではないのだ。好きなタイプとはまったく違う人を選ぶケースは、決して少なくない。要するに、好きなタイプと結婚してうまくいくタイプは、同じではないのだ。

こういうと、なんだか結婚を打算的に考えているように聞こえるかもしれないが、そういうことではない。結婚相手とは、人生をともに歩んでいくパートナーである。一つ屋根の下に住んで、何十年も毎日いっしょに生活をしなければならない人なのだ。そう考えると、好きという感情を満たしてくれればそれでいいのかといったら、ふつうはそうはならないはずだ。

さらにいうなら、目の前の人が結婚相手にふさわしいかどうかは、つきあってみなければ絶対にわからない。たとえそれがあこがれの女性だったとしても、しばらくつきあっているうちに、この人と家庭を築くのはやっぱり無理だと思うかもしれない。反対に、最初はあまり自分の好みではないと思っていた人が、親しくなって人生観や生き方がわかってくるにつれ、結婚相手は彼女しかいないと確信することもある。だから、いろいろな人と出会い、つきあうことが大事なのだ。

ところが、もし自分はこういうタイプの女性が好きだから、それ以外のタイプの女性とはつきあわないと決めたらどうだろう。一見、効率的なようであっても、その人が幸せな結婚生活を送れる可能性はきわめて低いにちがいない。

仕事もまったく同じである。自分はこれがやりたいと早くから決めて、そこにいたる最短の道を行くことが、理想のキャリアデザインではないのだ。

天職とは何か。あえて定義するなら、自分の強い動機が能力として発揮でき、なおかつ、やっていることに意味ややりがいを感じられる仕事のことである。つまり、そこで問われているのはラベリングされた職務ではなく、仕事のプロセスなのだ。

しかし、仕事のプロセスとは、つまるところやってみなければわからないのである。自分の動機とマッチングするかどうかは、当事者として働いてみてはじめて実感できるのだし、仕事の意味も与えられる部分より、自分が主体的に発見していく割合のほうがはるかに大きいといえる。

たとえば、同じ職種で同じような仕事をする場合も、上司がある程度やり方をまかせてくれれば、動機を活かした働き方ができる可能性は高いが、このやり方しか認めないという強権型の上司の下に配属されてしまったら、そのやり方が自分の動機にないものだと非常に苦労することになる。

また、食の仕事をしたいと思って食品メーカーに入ったのに、組織の面々はみな社内政治に明け暮れ、顧客意識などこれっぽっちも感じられないなら、そこでどんなに一生懸命に働いても、仕事に意味を感じるのは難しいだろう。

それから、とくに仕事経験のない新卒学生などは職種名で仕事を選びがちだが、一般に流《る》布《ふ》している職業イメージと実際の仕事内容は、必ずしも一致しているわけではないので、そこにはあまりこだわらないほうがいい。いい例がパイロット。コックピットで操縦桿《そうじゅうかん》を握り機体を操るのは昔のことで、いまはパイロットといえば、コンピュータに数値をインプットするオペレーターなのである。

タクシーの運転手も、収入は不安定だが勝手気ままにできて自由の部分が大きいし、やる気と才覚があれば大きく儲けられるので、以前は縛られたくないタイプの人が多かったのだが、ここにきて企業がタクシー会社を指名するようになり、さらにＧＰＳ（全地球測位システム）やデジタル無線が導入されたこともあって、とくに大手タクシー会社では必要とされる運転手の資質がかなり変わってきた。勝手気ままだったり、リスクをとってたくさん稼ごうとしたりする人より、ＧＰＳ頼りでかまわないから安全運転を心がけ、配車指示に忠実に従ってくれる人でないと務まらなくなってきているのだ。

「タクシーは拾う次代から選ぶ時代へ」というのが、ある大手のキャッチフレーズだが、まさに個々の運転手のその場限りの才覚より、企業としての一貫したブランディングを重視することで、仕事の適性も変化してきている。

このように、仕事の内容自体も変化しているのだから、就職する前から自分の好きなことや、やりたい仕事にこだわるのは、あまり賢明なこととはいえない。ハーミニア・イバーラもいうように、キャリアアイデンティティは事前分析や計画ではなく、実際に自分が行動を起こし、試行錯誤をするなかで見えてくるものなのである。さらに、社会人になって五年から十年のあいだにこれだと確信したものが四十代や五十代で揺らぎ、そこでキャリアアイデンティティの再構築がなされることもめずらしくない。

要するに、変化の激しい時代のキャリアは一生、変化しつづけるものなのである。好きな仕事は変わらないかもしれないが、向いている仕事はたえず変わっていくと思っていたほうがいいだろう。

21 仕事選びや会社選びと同じくらい場所選びは重要

都市学者であるリチャード・フロリダの『クリエイティブ資本論』によると、製造業を誘致して雇用を創出するのは、産業化社会時代の発想なのだそうだ。いまはまず、どうやったらクリエイティブな人間をその地域に呼べるかを考えるのである。

それは、ひと言でいうなら刺激に満ちた多様性のある環境だ。先にそういう街づくりをすることによって、優秀なクリエイティブワーカーたちがみずから足を向けてくれるように仕向け、続いて彼らを雇用したい企業が進出してくるのを待つのが、現代の企業誘致の要諦だというのである。

たしかに、日本でいえば沖縄にクリエイティブな人たちが集まるのは、まさにそこが多様性に富んだ場所だからだろう。

十四世紀から十七世紀にかけての琉球王朝は、周辺諸国と盛んに貿易をしていたので、そこにはさまざまなアジアの文物や人々が行き交っていた。その当時から沖縄は、多様性を自然に受け入れていたのである。

そして現在も、その気質や風土は変わらない。沖縄では、島の人を「うちなーんちゅ」といい、これに対し内地の人を「やまとーんちゅ」と呼ぶ。うちなーんちゅとやまとーんちゅが混在することによって独特の文化が花開いているのである。うちなーんちゅだけでは、いまのような繁栄は望めないだろう。

クリエイティブワーカーが集まる街といえば、アメリカではシリコンバレーがあまりにも有名だ。シリコンバレーの周囲には、自然が豊かな場所がたくさんあるので、昼間はそういうところでアウトドアライフを満喫し、朝と夜はオフィスでプログラムを書くといった働き方ができる。また、数年働いたら一年間は自然のなかで暮らすチャンクワーカーのような人にとっても好都合な場所なのだ。

それで、あるときからそういうライフスタイルを好むクリエイティブワーカーがシリコンバレーにふえた。すると、それを見てIT関連の企業や工場がいくつもやってくるようになり、それでまたクリエイターが集まるという連鎖が、現在のシリコンバレーの繁栄をつくりあげたのである。

ただ、いまはあまりに人も企業もふえすぎてしまったために、シリコンバレーが本来もっていた魅力が失われつつあり、代わって西海岸のシアトルやテキサス州のオースチンなどが、最近はクリエイティブワーカーの人気を博している。

しかし、シリコンバレーや沖縄のような場所に人が集まり、そこで働きながら生活するというスタイルは、いまに始まったことではない。そもそも産業化社会以前は、ほとんどの人は農業や漁業といった一次産業に従事していて、同じ場所で仕事も生活も営んでいたのだ。だから、どこに住んで、何を職業としながら、どんな生活をしているかのすべてが一つとなって、その人のアイデンティティだったのである。

ところが産業化社会になると、働くとは被雇用者になることを意味するようになり、所属する組織がアイデンティティの根幹を成すというように変わっていく。

日本でいえば、明治維新がその境目となった。欧米列強と伍していくには富国強兵が急務と考えた新政府は、国民皆兵を実現するため、それまで武士の価値観でしかなかった組織に忠誠を尽くすという、いわゆる組織ロイヤルティを、義務教育を通じて全国民に浸透させたのである。

この組織ロイヤルティが、戦時中はナショナリズムとして機能し、戦後は高度成長の原動力となった。会社は雇用責任を厳しく求められる一方で、会社都合の転勤命令が労働者の私生活より優先することを法律が認めるというのは、日本が個人の自由より組織ロイヤルティを重視する社会だからにほかならない。

それが、リチャード・フロリダが指摘するように、アイデンティティを帰属組織から自分のライフスタイルに取りもどそうとする人が近年、急激にふえてきている。そういう人たちは、私生活で知的な刺激を受けることを好み、心身ともに健康な生活を送れることを重視するので、雇用の安定さえ保証すれば異動の自由は会社にあるという旧来の発想では、マネジメントが難しいのだ。

日本では、海外旅行にも行かず親元から離れたがらない保守的な若者が目立つ一方で、積極的に国際舞台に飛び出していくグローバル志向の若者も確実に増加している。とくに、後者にはクリエイティビティあふれる人間が多い。

そういう人たちは、自分らしいキャリアを築くためには、どこを生活や労働の拠点にするかも重要な要素であると思っていることを、企業側ももっと考えたほうがいいだろう。

㉒ 二番目に得意なことをする

イギリスの地方都市で小さなマーケティングリサーチの会社を経営しながら、同時に自治体の議員をやっている知人がいる。いわゆる二足のわらじだが、彼にいわせれば二足のわらじは当たり前で、得意なことが二つあるから理想のキャリアが築けるのだそうだ。

つまり、こういうことである。得意なことが一つしかない人がそれを仕事にしてしまうと、それだけで勝負しなければならない。ところが、その職種にいる人は、みんなそれが得意なはずだから、そうなるといくら得意といっても、その技術や能力だけを頼りに抜きん出た存在になるのは、並大抵のことではないのである。私の実感でも、一芸で勝負してトップレベルに立てるのは、全体のせいぜい五パーセントにすぎない。

ところが、得意なことが二つあって、そのうちの二番目を仕事にしておいて、その分野と直接は関係のない一番目の得意技とあわせれば容易に差別化が図れるし、オンリーワンのキャリアが築けるのである。

たとえば、ソフトウェア開発やプログラミングに自信があるからといって、それだけに特化してしまうと、つねにナンバーワンをめざさなければならない非常に苦しいキャリア形成になる。ところが、財務の知識もあるとか、海外経験が豊富でグローバルな視点をもっているというようなもう一つの得意技があると、金融系のソフトウェア開発で優位に立てたり、外国のクライアントとも交渉ができるといった差別化が図れるので、キャリアが広がりやすいのだ。

また、専門性が一つしかないと、それこそがその人の唯一の存在価値となって、つねにそこからしか物事が見られなくなってしまう弊害も生まれる。実際、経験の蓄積された専門分野では異彩を放つが、顧客や経営者の目線で問題解決にあたれない「一芸に秀でた人」は少なくない。

日本には「一意専心」という言葉があるように、あれこれ脇見をせず、一つのことを深く掘るのがいいことだと長らく思われてきた。どこの会社の就業規則にも、必ずといっていいほど専念義務という文言が入っているのはそういうことなのである。だが、現実には副業が強みになったり、本業以外に勉強や研究してきたことがその人の仕事を特徴づけ、差別化にひと役買っているケースは、それこそ枚挙に暇がない。

ゆえに、一つの専門性だけで価値創造することに限界を感じている人は、二つ以上の組み合わせを一度考えてみるべきなのである。

医療の世界でも、病院を経営するとなったら、アメリカでは医者であってもビジネススクールに通って経営を学ぶのがふつうだが、日本だとメディカルドクターとＭＢＡの両方の資格をもっている病院経営者はまれである。しかし、これからはそういうふうにキャリアを広げることが当たり前になってくるだろう。そうでなければ差別化など、そう簡単にできはしない。

二つの専門性を獲得するのが難しいなら、自分とは異なる専門分野の人とのコラボレーションも一つの手だ。その点では、異分野の教員どうしが協力して共通の学際的なテーマに取り組むのを奨励している慶應義塾大学湘南藤沢キャンパス（ＳＦＣ）は、一歩先を行っているといえよう。

㉓ いまの仕事と関係なくても、テーマを追いつづけることでいつかそれが仕事になる

アメリカの著名なキャリア研究者であるエドガー・シャインは、キャリアを選択する際に、その人がもっとも大切にしている価値観や自分らしい欲求を「キャリアアンカー」と定義している。これは、まさにキャリアの背骨ともいうべきものだが、この背骨は必ずしも、経験の積み重ねのなかから抽象されるとはかぎらない。あるテーマをライフワーク的に追究していくことが、いつの間にか背骨を形づくることもある。

私自身の話をすれば、現在はキャリア開発や組織の人材育成がおもな研究テーマだが、大学時代は工学部で、いまとはまったく別のことを学んでいた。といっても、工学部に進んだのは何か積極的な理由があったというより、文科系の学部に興味がもてるものがなく、数学が得意だったからだ。

ただ、自分のなかではずっと気になっているテーマがあった。「人はなぜ働くのか」「人間にとって働くことの意味は何なのか」がそうである。それで、暇を見つけては『仕事の社会学』（有斐閣）のような専門書を何冊も読んでいた。

当時は、それを将来の仕事にしようと考えていたわけではない。それが、気がつけばいまこうして研究テーマになっているのである。ずいぶんまわり道をしてきたといえなくもないが、もし最初からキャリアの研究者をめざしていたら、キャリアに直接関係あることしか勉強しなかっただろうから、非常に見方が狭く、またその狭い見方からなかなか抜けられないでいただろう。あるいは、とっくに飽きてしまっていたかもしれない。だから、いまふりかえれば、まわり道したことが私のキャリアにとっては結果的によかったと思える。

そのようにライフテーマがあって、それを継続的にフォローしていると、キャリアの後半でそこに帰結することが往々にして起こる。だから、現在の仕事とは関係のないようなことであっても、自分がずっと興味をもっていることは、細々とでもいいからやめずに勉強や情報収集を続けたほうがいいのである。また、仕事でも自分のテーマが活かせないか、つねに検証するのを忘れないことだ。

私の担当する社会人教育の人事関係クラスに参加している人のなかに、会社では人事とはまったく関係のない仕事をしている女性がいる。彼女は社会人になってから、会社の人事はなぜこうも不条理なのだろうとずっと思ってきたのだそうだ。そこで、その不条理の理由を解明したいと、人事部でもないのに人事の勉強を始めたのだという。

彼女はそこまで考えていないかもしれないが、人事に対し知識や理解を深めることは、彼女がいまやっている営業企画の仕事で差別化を図るうえで、必ず活きてくるはずだ。そして彼女のキャリアは、いずれ人事関連に収斂《しゅうれん》していく可能性もある。

前出のファミリーハウスで事務局長を務める植田洋子氏も、人に対する興味が強く、人のことを知りたいというのがライフテーマだったので、キャリアの途中で臨床心理学やカウンセリングの学校に通っている。まったく異なる職場環境に転職しても同化せずにうまく適応できたのは、そのライフテーマがあったからだといってもいいだろう。

Chapter 4

ジョブデザイン

㉔ 仕事には枠をつくるのではなくのりしろをつくる

最近は、自分の仕事の範囲はここからここまでというように、具体的に枠を決めてほしいという若者が、どこの会社にもふえているという。理由は、コミュニケーションが苦手だからだ。何人かで一つのことに取り組むような仕事だと、上司や同僚と頻繁《ひんぱん》に会って会話をしなければならない。それが社会性の乏しい若者には苦痛なのだ。その代わり、与えられた仕事はきちんとやり遂げようとする責任感は強いのかもしれない。

ところが、仕事というのはいくら自己完結させようと思っても、他人の力が必要なところがどうしても出てくる。それを拒絶してしまったらうまくいくはずがないのである。一人で抱え込んで職場で孤立したあげく、うつ病を発症するのは、こういうタイプの若者に多いのだろう。

仕事を分解して個人個人に割り振り、責任の範囲を明確にするのが近代的な組織だと思われている節があるが、はたしてそうなのだろうか。

たしかにアメリカの企業では、個人の仕事が職務記述書によって明確に規定されている場合が多い。だが、それは産業化社会において計画と実行を分離し、ピラミッド型の分業を極限まで進めた結果だけではないのである。

もともとアメリカの詳細な職務記述書型の人事というのは、差別訴訟のリスクを避けるためのものだった。一九六四年に新公民権法が制定されて以後、人種、年齢、性別などで採用や昇進、昇給などを差別した企業には、きわめて重い罰則が科せられることになった。実際、従業員から差別されたと訴えられた企業が、数億ドルに及ぶ賠償金の支払いを命じられるケースが七〇年代には頻発している。当時の数億ドルといえば、かなりの大企業でも存続が脅《おびや》かされるほどの巨大な金額だ。

そこで、差別だと訴えられたときに、人の要素はいっさい考慮せずに、純粋に職務記述書だけを評価したのだと客観的に証明するために、職務記述書と職務給を導入する企業が七〇年代に一気にふえたのである。

一方、組織ロイヤルティを大事にする日本企業では、人を見て総合的に評価するのが当たり前であり、職務評価はあまり重視されてこなかった。だから、いまでも個人の職務記述を明確にしない大部屋型の仕事のやり方が主流なのである。

それでは、これからはこの古いアメリカ型と日本型のどちらが望ましいのだろうか。いまのような変化の激しい時代には、アメリカ型の柔軟性のないやり方ではとうてい対処できない。だが、終身雇用と引き換えに転勤命令には黙って従うことをクリエイティブワーカーたちが拒否しはじめているのを見てもわかるように、組織ロイヤルティに重きを置く古い日本型もだんだんと機能しなくなってきているのである。

要するに、アメリカ型も日本型も、これまでのやり方ではもうダメなのだ。

『ハーバード・ビジネス・レビュー』の二〇〇八年十二月号にこんな記事が載っていた。インターネット関連事業の草分けであるアメリカのシスコシステムズでは、外部から迎えたCTO（チーフ・テクノロジー・オフィサー）に部下も権限も与えず仕事をさせたのだそうだ。

与えられた部下を使って仕事をするのではなく、自分で課題を発見し、その課題を解決するために横断的に人を集め、プロジェクトチームを立ち上げられるだけの横のリーダーシップや、柔軟なコラボレーションができる能力があるのが、これからのシスコシステムズが必要とする経営幹部だからである。これは、長年にわたってCEOを務めるジョン・チェンバースの考え方であり、だからこそこの厳しい時代に、シスコシステムズは成功しつづけることができているのだといってもいいだろう。

ワーキングマザーを集めたインタビューで、ある女性がこういっていた。

「子どもができるまでは、自分の仕事をほかの人の仕事と明確に区別しないとイヤだったけれど、ワーキングマザーになったらそんなことはいっていられなくなった」

たとえば、午後五時までにレポートを仕上げようと計画を立てても、作業の途中で保育園から「お子さんが熱を出したので迎えにきてください」と電話が来たら、すぐに会社を出なければならない。もちろん、その時点で計画は反故《ほご》になる。しかし、午後五時の段階でレポートができあがっていないと、業務に支障をきたす場合もある。そういうときは同僚に「ここまでやってあるので、残りはお願いします」と頭を下げざるをえない。

そして、そういうことがスムーズにできるためには、一人ひとりが仕事に枠をつくるのではなく、むしろ、のりしろのように重なり合う部分を意図的につくっておいて、手が空いたときは積極的に手伝い、よい人間関係をつくっておくことが大切になってくる。ライトとセンターのあいだに線を引いて、どちら側に落ちたかをはっきりさせるより、際どい打球は両方が捕りに走ることが大事なのだ。

コラボレーションを重視するシスコシステムズのやり方や、仕事に枠ではなくのりしろをつくるワーキングマザーの知恵。二十一世紀の働き方のヒントはこのあたりにありそうだ。

25 見えない化する社会だから見える化の努力が求められる

現在のようにＩＴが仕事に導入される以前は、同じ職場の人がいまどんな仕事をやっているかを把握するのは、それほど難しいことではなかった。

たとえば、耳に入る電話の会話で、「あいつはお客さんとのあいだでトラブルを抱えているみたいだ」とか「彼女はあと一歩で契約が取れそうだな」とか、そういうことが説明されなくても自然と伝わってきた。新人も先輩の話し方を聞いていれば、こういうときはああいえばいいんだというようなことを、門前の小僧のように学べたものだ。

ところが、最近のように顧客や取引先とのやりとりをメールですますようになってしまうと、そういうわけにはいかない。また、作業のほとんどがパソコンの画面で行われるようになっていることもあって、もはや隣の席の人であっても、何をやっているのかよくわからないのである。

さらに、仕事自体も専門化や分業化が進んでいるから、まさに個人の仕事はブラックボックスと化しているといっていいだろう。

　こうなると、職場からは当然チームワークが失われていく。他人に対して関心が薄いとか、手伝う気持ちが希薄になったとかいう前に、手伝ったりフィードバックをしたりしようにも、相手の状況がわからないのでそのきっかけがない。これではチームワークを発揮しようがないのである。

　しかしながら、仕事というのは一人で抱え込んでいたら苦しくなるばかりで、キャリアづくりにもマイナスなのは明らかだ。

　私の所属するＳＦＣのキャリアリソースラボラトリーが行った調査でも、「いろいろな人を巻き込んで仕事をする習慣があるか」という質問と「自分らしいキャリアを切り拓いていると思うか」という質問とは、その答えにきわめて高い相関関係が見られた。この結果からも、うまく他人の力を利用することは、個人のキャリア形成にとって非常に重要だと見て取れる。

　では、ＩＴ化、専門化、分業化が進んで仕事が見えにくくなっているいまの職場で、どうすれば他人を巻き込んで仕事をすることができるのだろうか。

　それには、意識して自分の仕事を見える化することだ。自分はいまこういう仕事をやっている、こんなことで困っている、こんな学びがあったなどを、事あるごとに工夫してわかりやすくほかの人に伝えるのである。そんなことは面倒だと思うかもしれないが、そういう努力があとで自分の仕事をラクにしてくれるのだ。

ただし、それはＩＴをアナログにもどすという意味ではない。たとえばＩＴ化のおかげで在宅勤務が可能になったのに、それぞれの仕事が見えないからと在宅勤務をやめたら、それは進歩的な問題解決ではなく、たんなる退歩である。そうではなく、インターネット上にグループウェアをつくって、各人の仕事の進捗《しんちょく》状況がリアルタイムで確認できるようにすればいいではないか。つまり、ＩＴで見えなくなったところを、ＩＴを使って見えるようにするという発想をするのだ。

仕事を見える化することで、みごとに会社の業績を向上させたのが、携帯電話基地局の製造や設置を手がける株式会社三技協の仙石通泰社長だ。業務のプロセスや問題が共有できていないことに危機感を抱いた仙石社長は、各部の部長に、仕事の内容をフローチャートにしてイントラネット上に公開することを義務づけた。最初は、なんでそんなことをしなければいけないのだと、部長たちから激しい抵抗にあったが、社長は三年かかってそんな彼らを説得したのである。

しかし、何人かの部長は、それでも最後までフローチャートをつくることを拒んだという。要するに、書こうにも書けなかったのだ。そういう人たちは他部門から現在の部署に移ってきてから何も勉強していなかったり、自分の熟知している昔のやり方に頼って新しい技術を学んでいなかったりで、自分の部署がどのように仕事をしているかを把握できていなかったのである。

こうして、仕事を見える化したことで、くしくも仕事をしていないお飾りの部長がはっきりと見えるようになってしまった。もちろんその方たちには、すみやかに異動してもらったそうである。

また、社員のだれもがイントラネットにアクセスして仕事のフローチャートを見られるようになったことで、若手や外国人の仕事を覚えるスピードが格段に速くなるという効果もあった。さらにワーキングマザー経験者の女性が、「これならもう一人子どもを産めますね」といったそうだ。自宅にいても休職していても、いま会社や仕事がどうなっているかが簡単に把握できるからだ。

会社全体としても、経営課題がはっきり見渡せるようになったことは想像に難《かた》くない。

実際、三技協ではこの見える化によって経営改善が進み、携帯電話の基地局開設が飽和状態になって減収になったときも、増益を続けることができたのである。

それから、見える化は個人のキャリアを発展させる効果もある。学習したことを、折にふれて文章化しておくことで、成長の軌跡を確認することができる。さらに、それをチームのデブリーフィング（反省会）などで発表し合い、仲間と共有すれば、自分で気づかなかった学習ポイントがより鮮明になるので、成長の速度が増す。

このように見える化は、仕事にも学びにも有効なのである。

26 目標を達成することがよいとはかぎらない

鉄道のように管理可能性や予測可能性が高い仕事は、きちんと計画を立て、それに基づいて実行する「計画と実行の分離」がきわめて合理的だといえる。一方、管理可能性や予測可能性が低い場合は、先に計画をつくっても必ずしもそのとおりになるとはかぎらないので、計画と実行を一体化させたジョブデザインを考えなければならない。

この場合は結果（遅行）指標ではなく、将来の結果を出すことの要因となる先行指標、あるいは価値観に見合う行動をするといったプロセス指標を重視することになる。

最近は、業績予測どおりに結果を出すことを求める株主の声が強くなる一方で、目的合理的な経営をしようにも環境の変化が激しくてなかなかそのとおりにいかず、苦境に陥っている経営者が少なくない。

個人でも組織でも、一カ月や三カ月といった短期間であれば、具体的な目標を立て、それを達成するといった働き方は可能であり、有効でもある。

ところが、三年先や五年先に競争上の優位性を確立するといった中長期的な戦略に対しては、いきなり三年後の売上高や五年後の利益率を目標にしても実現性は低い。そこでこちらの場合には、まず社員満足度（ＥＳ）を上げることで、連動して顧客満足度（ＣＳ）も上げてリピート客をふやす。そうすればそのぶん新規顧客を開拓する費用が削減でき、売上を維持したまま利益率を上げることができる。こういったプロフィットチェーンを戦略的に考えるやり方のほうが現実的だ。

このように、短期と中長期の視点を両方もって、必要に応じて二つのマネジメントやリーダーシップのスタイルを使い分けていくことが、現代においては重要なのである。

これに関しても、ワーキングマザーのインタビューのなかにヒントがあった。

その女性は、自分のキャリアのなかで、まず目標を具体的に設定し、それからその目標に向かって効率的に進んでいくという目標逆算型のやり方でずっと仕事をしてきたのだという。それで子どもが生まれたときも同じように育てようと、生後三カ月でつかまり立ち、六カ月でこの言葉をしゃべるという具合に、目標を決めて管理しようとした。

そうすれば理想の育児ができるはずだと思っていたのだが、実際にやってみると、子どもというのは、ぜんぜん親の立てた予定どおりに育ってはくれない。どんなに頑張っても思ったようにいかず、このままいけばノイローゼになると思った彼女は、結果にこだわることをやめた。

そうしたらなんのことはない、目標などなくても子どもはちゃんと育つのである。まさに育児を通して、目標管理がすべてではないことに気づかされたと彼女はいっていた。

企業の人材育成にもまったく同じことがいえる。これだけ投資すれば三年後には一人当たりこれくらいの収益が見込めるというＲＯＩ（投資利益率）の発想ではうまくいかない。結果ではなく価値観に対する合理性が、人を育てる際には重要なのだ。

価値合理性を高めることが、結果的に目標達成の確率を高めるケースはほかにもある。基礎研究もその一つ。もちろん最初の段階では、こういうものをつくろうと決まっていて、そこに向けて資源を投入するのだが、ほとんどの場合は期待どおりの結果は出ない。しかし、その過程で思いもかけぬヒット商品が生まれることがままあるのだ。

有名なのがアメリカ3M社のポストイット。これは強力な接着剤を開発中に、予定外に粘着力の弱いものができてしまったので、これを塗った付箋《ふせん》を商品化したところ、世界的な大ヒットとなったのである。

コンサルティングのマーケティングも、これに似ていなくもない。私がワトソンワイアットの社長になったとき、どうやってマーケティングをしたらいいかわからず、マッキンゼーの先輩に相談したところ、彼から「この企業を顧客にしたいという目標をもて」といわれた。そうしたら、勝手にその企業を分析し、経営課題を見つけ、解決のための戦略を練り、プレゼンテーションをさせてもらえばいいというのである。

ところが、そうすれば高い確率で顧客になってくれるのかと私が尋ねると、先輩は「たぶんダメだろう」というのである。では何のためにそうするのか。「目標の企業はダメでも、そうやっていると、いずれ別の企業から声がかかる」というのが彼の答えだった。フェロモンが出ていればメスは寄ってくる。一つの企業にターゲットを定めてアプローチするのは、コンサルタントとしてのフェロモンを出すための手段というわけだ。

このように目標を設定し、その目標を達成するために頑張ることが、じつはほかの収益の機会を広げるのにつながっていることもあるのである。

いつも目標をもつことや、目標を達成することが必ずしもいいことだとはかぎらない。働き方はいろいろあるのだから、一つのやり方にとらわれずデザインするのが大切だということがおわかりだろうか。

27 結婚はだれとするかより、したあとが重要

離婚の原因が性格の不一致というのは、一見もっともそうだが、じつはまったく理屈に合わない。

キャリパージャパンが開発したアセスメントツールである「キャリパープロファイル」では、二〇以上の動機が日本人のデータベースの下で偏差値化されている。そして、ふつうに考えれば、これらの動機の偏差値レベルがすべて一致するなどということは、そもそもありえないのだ。

万が一そういうことがあったとしても、それが幸せな結婚生活を保証するかといったら、むしろ逆である。たとえば、自己管理動機の強い者どうしが夫婦になったら、料理にしても旅行にしても、それぞれ自分のほうが主導権をもって思いどおりにしたいと思うので、ケンカが絶えないことになるのは火を見るより明らかではないか。

結婚生活で大事なのは、性格が一致することではなく、自分と相手の動機を理解するための努力を、お互いが主体的にすることなのである。だから、よく運命の人との出会いのような言い方をするが、あれはまちがいで、だれと結婚するかは、それほど重要なファクターではないのだ。

キャリアも結婚と同じだといっていいだろう。自分にはどんな仕事が向いているかよりも、就いた仕事で自分の動機を活かす働き方ができればいい。それができるかどうかが大事なのである。

言葉を換えれば、職種や業種よりも、やり方のマッチングに注目せよということだ。

そう考えると、同じ仕事でもやり方の自由度が大きいほど、自分の動機に合った働き方ができるので気持ちよく働けるから、天職になる可能性が高いといえる。

たとえば営業なら、達成動機の強い人は自分で目標設定をすることでモチベーションを上げることができるし、影響動機の強い人は相手を説得することに喜びを感じるので、クロージング（受注）を意識するとやる気が出る。社内にライバルがいると俄然燃えるのは闘争心が強い人だ。理解動機の強い人は交渉相手をよく観察し、攻略方法を考えることに快感を覚えるだろうし、伝達動機の強い人は、だれもが「なるほど」と思わず膝を打つプレゼンテーションができたときは最高に嬉しく思う。感謝動機の強い人は、顧客の役に立つことを一生懸命やって、それが認められ感謝されることに生きがいを感じる。

このように、人の動機はさまざまなので、自分の動機を活かしたやり方ができれば、だれもがやりがいを感じながら成果を上げることができるといえよう。だから、営業と聞いて自分はできないとか、向いていないとか決めつける必要はないのである。そう考えれば、営業という職種が向いていない人は、そう多くはないはずなのだ。

しかし、上司が自分の経験を重視するあまり、部下にも自分のやってきたやり方を強制し、部下が主体的に試行錯誤しながら自分の営業スタイルを構築するのを認めないような職場では、動機を仕事に活かせない可能性が高いので、会社にそういう体質があるかどうかは入社を決める前に確認しておいたほうがいいだろう。

㉘ 自分の仕事をプロフェッショナル化する

スペシャリストとジェネラリストは、スキルのタイプが違う。スペシャリストのスキルは、ある特定分野における専門的なスキルだが、ジェネラリストのそれは一般的なマネジメントスキルだ。

スペシャリストとエキスパートはどちらも専門的なスキルをもっているが、こちらは専門性のタイプが違う。学問的、あるいは体系的に整理された専門性の高いスキルを武器にするのがスペシャリスト。それに対しエキスパートの専門性は、長年の経験や熟練を通して獲得した暗黙知である。

しかし、リーダーとマネジャーとなると、これはスキルの違いではない。リーダーシップのある人というのは、意思決定や部下とのコミュニケーションなどをする際の、思考・行動特性がリーダーにふさわしい人を指すのであって、リーダーとしての知識が豊富だとか、経験から特別なノウハウを得ているとか、そういうことはあまり関係ないのだ。

プロフェッショナルも、スペシャリストやジェネラリスト、エキスパートなどとスキルでは区別ができない。なぜなら、プロフェッショナルというのは働き方のことだからだ。プロ意識に富んだ働き方をする人をプロフェッショナルと呼ぶのである。

では、どういう働き方をすればプロフェッショナルといえるのだろうか。

まず、自律的に仕事を回し、高い目線で自己完結できなければならない。たとえば、契約を結ぶにあたって正しい契約書を作成できるだけでは、法務のスペシャリストにはなれてもプロフェッショナルとはいいがたい。法的な部分をクリアしながら、同時に収益を確保できる契約の形態を考えるのが、プロフェッショナルの働き方だ。

つまり、自分の専門性だけからの受け身の判断だけではなく、そもそも何をするかというWHATから発想し、主体的に価値を生み出せるのがプロフェッショナルなのである。だから、プロフェショナルにとって専門性は道具にすぎない。その点も、専門性を発揮するところにこそ存在価値があるスペシャリストとは違うのだ。

また、自分なりの職業倫理感をもち、厳しく自己管理できる。さらに、自分の顧客はだれで、その人たちにどんな価値を提供するのかをつねに意識して働いているのもプロフェッショナルの条件だといえよう。

このように、専門的なスキルを道具として使いながら、自分の顧客に価値を提供するのがプロフェッショナルであり、それを人を使ってチームとして行うのがビジネスリーダーなのである。

自分の仕事をプロフェッショナル化するために、上司や同僚など周囲の人がもっていないスキルをいち早く身につけておくのは有効な手になる。そういうスペシャルなものがあれば、そのスキルを使わなければならない仕事に関してはだれも口を挟めないので、自律的かつ自己完結的に遂行することができるからだ。

それから、すでに別のところでも述べたが、辺境の仕事は比較的自由にやらせてもらえる可能性が高い。そういう機会があったら積極的に手をあげて参加すると、プロフェッショナルとしての働き方の訓練になる。

さらに、自分の仕事の顧客と提供価値をはっきりさせておくことも、プロフェッショナル化には不可欠だ。とくに、提供価値には物理的に説明可能な機能的価値のほかに、顧客の内面に働きかける心理的価値もあることを忘れてはならない。

東京都青梅市にある青梅慶友病院は、入院希望者があとを絶たないというたいへん人気の高い老人専門病院だ。人気の理由は、大塚宣夫理事長はじめ病院スタッフが明確な顧客目線をもち、自分たちが提供する価値をしっかり意識しているプロフェッショナルな病院だからだ。

一九八〇年の創業時から、入院患者のことは「患者さま」と呼ぶことを徹底し、さらに、患者だけでなく、患者の家族も自分たちの顧客として、家族を介護から解放してラクにするとともに、「この病院におじいちゃんを入院させてほんとうによかった」と、心の底から思えるようなケアやサービスを行っている。このように家族という顧客に対しては、確かな心理的価値を提供しているのである。

仕事をプロフェッショナル化しようにも、自分は会社の管理部門で働いているから顧客や提供価値が定義できないという人がいるが、そんなことはない。管理部門であっても顧客はいるし、顧客と提供価値を意識することは必要なのだ。

では、人事部の顧客はだれだろう。社員が顧客であるという答えはいささか乱暴すぎる。たとえば、経営トップから後継者を選抜し育成するための仕組みをつくるように命じられたら、そのときの顧客は経営トップということになる。さらに、そのためにリーダーシップ研修のプログラムを開発し、実行する段になったとしよう。そこでの顧客はそのプログラムの参加者だ。このように人事の仕事といっても、いつも同じ顧客とはかぎらないのである。

だからそのつど、だれが顧客であって、彼らにどんな価値を提供するかを確認し、定義する。それがプロフェッショナルの働き方なのだ。

元NHKワシントン支局長で、現在は外交ジャーナリストであり作家でもある手嶋龍一氏が、ある講演の終了後、ジャーナリスト志望の若者から、プロのジャーナリストは何に気をつけて働くべきかと質問され、こう答えていた。

「その手の質問に対しては、権力におもねらないことという答えが一般的だが、じつは権力におもねらないのは、それほど難しいことではない。それよりも、上司におもねらないことを心しておくべきだ。よほど注意していないと、知らず知らずのうちにデスクの意図どおりの記事しか書けなくなってしまう。けれども、上司は顧客ではない。顧客は読者なのである。ジャーナリストが気をつけるのはこの一点だ」

まさに、自分の顧客がわからなければ真のプロにはなれないことを、手嶋氏は指摘したのだった。

あらかじめプロフェッショナルな仕事があるのではない。自分の仕事をプロフェッショナル化することが大事なのだと肝に銘じておいていただきたい。

29 知らないからとれるリスクもある

二十九歳の私がマッキンゼーアンドカンパニーの東京事務所で働くようになったのは、そうしたいと私が強く望んだというより、いくつかの偶然が重なったからといったほうが正しい。

新卒で入った国鉄を退職した私は、アメリカの大学院卒業後は、そのまま向こうで研究者になるか研究所に就職しようと思っていた。ところが当時のアメリカは不景気で、メーカーの研究所に何十通もレジュメを送ったにもかかわらず、すべて断られてしまった。困っていたところ、大学院に「外国人可」という求人が来ていたのを見つけ、経営コンサルティング会社とはいったい何をやるところなのかまったく知らないまま、藁《わら》にもすがる気持ちで応募したのがマッキンゼーだったのである。

そして、これも偶然なのだが、たまたま日本にもどってきているときにマッキンゼーの東京事務所から面接に来てほしいという連絡が入った。どういうわけか、私がアメリカで提出したレジュメが日本に回ってきていたのだ。それで、とりあえず行って話を聞いてみると、これがなかなかおもしろそうだったので、そのまま入社してしまったのである。

私は知らなかったが、そのころのマッキンゼーは五〇人程度の小さな会社だったにもかかわらず、所属する大前研一氏の本が大ヒットしたこともあって、名だたる大企業からひっきりなしに仕事のオファーが入り、殺人的に忙しい時期だったのだ。

それで、入社してわずか一カ月間研修を受けただけで、すぐにプロジェクトリーダーとして現場をまかされることになった。しかも、私の下にいるのは三カ月前に入った新卒の若者が三人だけ。しかし、クライアントからは毎月かなりの額のフィーをいただくのだから、それに見合う成果を出さなければならない。

さて、どうすればいいか。考えるまでもない。しゃにむに働く以外ないのである。

それから三年間は、文字どおり馬車馬のように働いた。多い月は労働時間が五百時間を超えていたといえば想像がつくだろうか。とにかく、とんでもない激務をこなしていたのである。いまふりかえると、よくあれだけ働けたと感心するが、あの三年間があったおかげで、いまにつながるキャリアの基礎ができあがったのはまちがいない。そう思うとマッキンゼーには、感謝してもし足りないくらいだ。

ただ、正直にいうと、あれだけ働かされるのを事前に知っていたら、入社しなかったかもしれない。知らないからとれるリスクもあるのだとつくづく思う。

しかし、そこにリスクがあるとわかっていても、とくに若いうちはあえてそれをとりにいくべきなのだ。最近は大学に在学中からビジネススクールに通ったり、仕事に有利な資格を取ったりする学生がふえている。そういう人たちに話を聞くと、少しでもリスクヘッジをしておきたいというのだが、リスクをとらなければキャリアがどんどん縮んでいくのである。そして、年齢が上がれば上がるほど、リスクをとるのは難しくなるのだ。

いくら自分で安定したキャリアを望んでいても、現在のように時代の変化が激しいと、キャリアが根底から覆《くつがえ》されるような事態にいつ見舞われるかわからない。そうなったとき変化に対する耐性のない人は、キャリアショックに襲われる可能性がきわめて高い。だからこそ、若いうちにリスクをとって、変化に強いキャリアを築いておかなければならないのである。

私が危惧しているのは、最近とみに地元志向の若者がふえる傾向にあることだ。地元志向自体は悪いことではないが、外の世界に目を向けないで内側だけ見ていると、確実に目線が低くなる。それでは、地元の活性化を促進するような働き方などできはしない。

沖縄でも、いま地元経済の中枢で活躍しているのは、ブルーシールアイスクリームで有名なフォーモストブルーシール社を経営危機から再生させた茢谷奨治社長のような、沖縄出身でありながらその閉鎖性を嫌っていったん島を飛び出し、内地や海外で経験を積んでもどってきた人たちが少なくない。

中国でもそういう「海亀族」と呼ばれる若者たちが、経済発展に大きな影響を与えているし、インドでも進取の気性に富んだ若者はいったん海外に出て、それからふたたび故郷に帰り地元の産業に貢献するのが当たり前になっている。

日本の若者がリスクをとりたがらないのは、あまりにネガティブ情報ばかりを取り上げるマスメディアにも責任があるのかもしれない。聞くところによると、日本の場合は不安を煽《あお》る報道のほうが部数や視聴率が稼げるので、どうしてもそういう内容に偏ってしまうということらしいが、それによって耳年増《みみどしま》になりリスクを必要以上に怖がる若者がふえるのは問題だ。

リクルート社の社訓は「自ら機会を創り出し、機会によって自らを変えよ」である。いまマスメディアが日本の若者に伝えなければいけないのは、こういうメッセージなのではないだろうか。

それから、先ほど年齢が上がるほどリスクがとれなくなるといったが、若いうちにリスクをとった人はリスクマネジメント能力が身についているので、高齢になってもいたずらにリスクを恐れなくてもすむのである。

どちらかが働けなくなってもしばらくは生活を維持することができるよう、夫婦共稼ぎを前提とした家庭をつくっておく。固定費を減らして家計の損益分岐点を低く保つ。会社以外のさまざまな人たちとネットワークを築いておいて、いざというときに助け合えるようにする。お金をかけずに楽しめる遊びをいくつもマスターしておく……。

これらは、いずれもリスクマネジメントにつながる能力だが、ある程度の年齢になってから身につけようとしてもなかなかできるものではない。若いうちに意識して獲得しておくことが、将来のリスクヘッジになるといえるだろう。

Chapter 5

ネットワーク形成

30 情けはあるが義理はない沖縄に学ぶ開放的ネットワーキング

自分の近くや組織の内部に能力の高い人間がいたとしても、その人と信頼関係やネットワークができていなければ、その能力は大きな成果にはつながらない。ゆえに個人にとっても企業にとっても、人と人との関係性は非常に重要な資本であるとみなすことができる。

これを社会心理学では社会関係資本といい、その価値を決めるのがネットワーク内の互《ご》酬《しゅう》性と信頼関係のあり方だ。

社会関係資本は、そこでどのようなタイプのネットワークが結ばれているかによって、大きく二つのタイプに分けられる。具体的にいうと、同質性の高い少数の人たちで構成され、外部に対して閉じている「強い絆のネットワーク」と、多様で異質な人たちが緩やかにつながる開放的な「弱い絆（橋渡し型）のネットワーク」だ。

前者においての互酬性と信頼とは、だれかから恩恵を受けたらその人に恩を返す、あるいは言動や行いなどからこの人は信頼に値すると判断するなど、特定の人に対して発生する。

一方、後者においてのそれは、対象を限定するものではない。そこにあるのはだれかのためではなく、自分が所属するネットワークのなかでいいことをしていれば、いずれめぐりめぐって自分にも返ってくる「情けは人のためならず」という互酬性であり、たまには裏切られることはあっても、全体的に見ればここにいる人たちは信用できるという一般化された信頼である。

強い絆のネットワークの代表が「義理と人情をはかりにかけりゃ、義理が重たい」仁侠の世界だ。ここでは同じような価値観をもった人たちが非常に強固な絆で結ばれており、義理や恩という個人を特定した互酬性が重要な意味をもつ。ところがその反面、外部に対しては排他的にならざるをえず、ほかの組織との軋轢《あつれき》も生じやすく、社会のなかで孤立しがちというデメリットもある。日本の暴力団や暴走族、フランスにおける北アフリカ移民の暴動の事例などを思い浮かべてもらうといいだろう。

この対極にあるのが、しばしば「情けはあるが義理はない」と評される沖縄の社会だ。「てんぶす」というのは琉球の言葉で「へそ」という意味だが、沖縄は地政学的にいえばアジアのてんぶすに位置し、そのため古くから交易が盛んで、周辺諸国の多様な人や文化を受け入れてきたが、その結果、安定した内向きの中央集権体制ができにくかったともいえる。

そのためか、よくも悪くも特定の人に対する義理という概念は希薄であるようだ。沖縄学の祖である伊波普猷《いはふゆう》は、その著書『古琉球』のなかで、義理を重んじないのは沖縄人の最大欠点だといっている。

たしかに明治維新以降の皇民化政策のなかでは、閉じた強い絆のベースである義理はきわめて重要だったろう。しかし、いまや変化と多様性の時代、開いたネットワークの基本である一般化された互酬性こそ求められている。沖縄にはその点、「ゆいまーる」という相互扶助の精神が根づいている。

このゆいまーる精神があるから、沖縄の社会はさまざまな人々を迎え入れてくれるのだが、最近はこれを逆手にとって、他人の家に土足で上がり込むような、無礼なふるまいをする内地の若者が目立ってきているという。

しかし、いくら開放的であってもみずからは投資をせず利益だけを得ようとすれば、その人はいずれそこから弾き出されてしまうだろう。社会のためになんらかの貢献をしてはじめて、その社会の恩恵を受けることができる。それが、弱い絆で結ばれた開放的なネットワークの互酬性なのだということを忘れてはならない。

別の側面からも情の効用について考えてみよう。

前述のヴァイラントの研究によれば、防衛機制は老後が幸せになるかどうかのもっとも大きな要素である。状況を結果的にさらに悪化させる未熟な防衛機制には、ほかのせいにする「投影」、さらに自分を痛めつける「受動攻撃性」、現実から逃避する「幻想」などがあるのに対して、状況を改善する成熟した機制の一つに「利他的行動」がある。自分が病になったとき、それを人のせいにして怒る（投影）のではなく、同じ病に悩む人たちを助けることで自分も癒される（利他的行動）。利他的行動とは自分がしてあげたいことをする行為ではない。

人にイヤなことをしないだけでなく、イヤな目にあっている人を助ける利他的行動は、自分自身を救うことが証明されている。乳がんを患《わずら》った人が、一時は落ち込みながらも、同じ乳がんで悩む多くの人と連携し助け合うコミュニティを立ち上げることで、自分自身も癒されていく話が事例では紹介されている。

ヴァイラントの調査では、五十歳のころに次世代育成への積極的関与、つまり生殖性のある男女は、老年期には幸せで健康な人になる可能性が高く、惨めで病んだ人になる可能性の三〜六倍もあったという。利他的行動がのちのち自分のためになるというのは、統計的にも確かなようだ。

31 転職するたびに人脈をふやす人と失う人がいる

会社が内向きの強い絆で結ばれた結束型ネットワークになっていると、そこを辞めていく人は会社から裏切り者とみなされがちだ。また、ギリギリまで会社にしがみついたあげく、ケンカ別れのような辞め方をする人も多いが、こういうのはもっとも損な退職の仕方である。

これでは辞めたとたんに、それまでの会社の人脈が失われてしまう。社内だけではなく、仕事を通じて築いた社外の人脈も同様だ。

しかし、たとえ仕事を通じての人脈だったとしても、会社と会社ではなく、人と人としてつきあっていたのなら、その人脈は次の職場にもっていくこともできるので、転職するたびに人脈がふえることになる。その積み重ねが多様で開放的なネットワークにもつながる。

要するに、ふだんから意識してそういう人間関係をつくっているかどうかにかかっているのだ。

会社も、社員が辞めたらすぐにそこで関係を断つのではなく、良好な人間関係をもちつづける努力をしたほうがいい。なぜなら、社員が外部の多様な人たちとつくるネットワークは、会社にとっても社会関係資本だからだ。社内の人間関係というのは閉じられていて、しかも同質性が非常に高い。これでは柔軟性に乏しく、現代のように変化の激しい時代に十分な対応をしきれないのである。そこで、外部の人たちとのコラボレーションが不可欠となってくるのだ。

一人ひとりの社員が外部の世界とつながっていれば、会社もそのつながりを利用することができる。もし社員が辞めてそこでその社員との関係が途切れてしまうと、彼のもっている社外のネットワークも会社は失ってしまうことになる。また、会社を辞めた人とも関係が続いていれば、その人自身も会社にとって貴重な社会関係資本になるのである。

マッキンゼーは退職者をたいへん大事にする会社で、現在でもアルムナイ（OB）の会がマッキンゼー東京事務所の支援で年に二回行われている。さまざまな世界で活躍している元マッキンゼーの社員と、そうやって開放的なネットワークを構築しておくことが、マッキンゼーにとってのメリットであるからにほかならない。

会社が退職理由を正確に把握していることも、その後の関係を続けるためには大切なことである。しかし、これはそう簡単ではない。辞めていく人が正直に退職理由を上司に伝えることはめったにないからだ。

一般的に、社員がジョブチェンジを決心する原因は会社か、仕事か、上司のどれかだが、私が実際に聞き取り調査をしたところ、上司を理由にあげるケースが圧倒的に多かった。だが、そういう人もなぜ辞めるのか上司に聞かれれば、「それはあなたが理由です」とふつうはいわない。常識のある人ほど「どうも仕事が向いていない」とか「ほかにやりたいことがあるので」などと当たり障りのない答えをする。だから、アメリカでは通常、退職時のエグジットインタビュー（離職者への面談）は人事部か第三者機関によって行われ、上司は直接タッチしない。なんでもかんでも上司に責任をもたせることは現実的ではない。

それから、辞めた人たちと人間関係をつくるのが上手でない日本企業は、海外進出などで現地採用した従業員がいつ辞めるかわからないようなときには、十分な研修機会を与えず、現地の人から人材教育に熱心でないと見られがちである。実際、中国の大学生からは日本企業はそのように評価されていて、就職先としてはあまり人気がない。

せっかく研修をしても辞められたら投資が無駄になってしまうのだから、いつ辞めるかわからない人間には長期の投資はできないというのが日本人の発想なのだろうが、これは日本企業がロイヤルティの強い内向きな強い絆の組織なので、特定化された互酬性を前提にマネジメントが行われているせいでもある。

つまり、熱心に育てた社員が辞めてしまうと、マクロ的な意味で教育投資が回収できないとの理由以上に、個別のケースであれだけ一生懸命に教えたのに裏切られたという気持ちになり、人材育成モチベーションが崩壊するのではないだろうか。

しかし、中国の学生にしてみれば、研修がたくさんあり、昇進が早く、さらにキャリアアップのための勉強や自己啓発の時間を奪う残業がないのが、いい企業なのである。この意識の差を埋めないかぎり、地元の優秀な人材は採用できないのである。

32 人にどう思われたいかを意識することがセルフブランディング

周りの人にどう思われているかが気にならない人はいないだろう。だからといって、すべてにおいて完璧でいようとしたところでそれは無理だし、そんなことを思っていたら周囲に振りまわされて自分を見失ってしまうだけだ。

では、周りの目をいっさい気にしなければいいのかというと、それでは正常な社会生活が送れなくなってしまう。

大事なのは、自分がどう思われているかを気にする前に、どう思われたいかをはっきりさせることであり、これを「セルフブランディング」というのである。

企業活動におけるブランディングは、顧客に対する提供価値の約束のことだ。たとえば、ある企業が安全・安心というブランドイメージを獲得したいなら、自社の商品やサービスが安全・安心であるという点に徹底的にコミットしつづけることで、だんだんと顧客の側にそのイメージが定着し、やがて企業のブランドとなっていくのである。

個人のブランディングも同じように考えればいい。仕事でとくに必要とされている能力が八つあるとするなら、そのなかで、自分が五点満点中五点の価値を提供できるのはこれだというのを二つくらい決め、それがつねに実現できるように努力するのだ。

自分の五点の提供価値には、基本的に動機の強いものを選ぶといいだろう。切迫性の強い人は仕事が早い。徹底性が強ければ仕事がていねいである。伝達動機の強い人はプレゼンテーションがわかりやすい。理解動機が強いなら人の観察力が優れている、というように、自分をブランディングしていく。

そうしてイメージができあがり周囲の人から認知されるようになれば、その価値を提供するのに最適な仕事が、自然と向こうからやってくるようになる。これがブランディングの効果なのである。

ただし、そのほかの能力も、たとえ自分の動機にないことであろうと、必ず最低三点は死守しておくこと。五点の提供価値があっても、一つでも一点や二点があると、それが致命傷となって、あの人は仕事ができるというイメージが構築できなくなるからだ。

また、すべてが三点だと可もなく不可もなくということで、やはりブランドイメージが生まれない。そこそこ売れているのに儲かっていない会社は、こういうパターンに陥っているケースが多い。

企業も個人もオール3ではただ無難なだけで、ブランドにはならないのだ。

33 部下は上司の人間観の鏡である

あるスーパーマーケットの経営幹部候補育成研修を行ったときのことである。参加者の男性からこんな話を聞いた。

彼が店長をまかされていたとき、レジ打ちをしていたパートの女性があまりに愛想が悪く、客からたびたびクレームが入っているとの報告が部下から上がってきた。それで、その女性を呼んで「お客さんの前では笑顔をつくりなさい」と注意したところ、「笑顔がつくれるくらいだったらこんなところで働いていないわよ」と逆に啖呵《たんか》を切られたのだそうだ。

自分の職場を「こんなところ」といわれて、さすがにそのときは腹が立ったが、あとでよくよく考えてみると、彼女にそういわせたのはじつは自分の責任だと、だんだんとわかったのだという。

彼は、しばしば社員に向かって「そんな仕事はパートにやらせろ」というような言い方をしていた。つまり同じ職場のなかで、パートタイマーを無意識のうちに社員より下に見て差別していたのである。彼のその人間観が彼女に伝わって「こんなところ」といわせてしまったのだと、彼は気がついたといっていた。

アメリカのキャリア研究者ダグラス・マクレガーは、組織の管理者が人間をどのように見ているかが部下の働き方に影響を与えるという内容のX・Y理論を、一九五〇年代に提唱している。

X理論とは、人間は本来、怠け者であり、監視を怠るとすぐにサボるので、働かせるには監視に加えてアメとムチが必要という考え方。Y理論のほうは、人間にはもともと自発的に働くドライブが備わっているから、環境さえ整えてやれば自分から一生懸命に努力するというもの。

問題は、この両理論のどちらが正しいかではない。X理論で管理しているマネジャーの部下は、ほんとうにアメとムチがないと働かなくなる一方で、マネジャーがY理論の持ち主の場合は、部下は自発的に働く確率が高くなる。つまり、上司の人間観がそのまま部下に反映されるというのが、マクレガーのいわんとするところなのである。

ということは、不健全な人間観をもった上司の下で働いている人は、知らず知らずのうちにその影響を受けて、自分の人間観まで不健全になっている可能性があるということだ。また、人間観は上司だけでなく、周囲の人からも伝染するので注意しなければならない。

とくに最近は、人間の見方が一元的かつ断定的な人がふえている。「女は細かい」「中国人はすぐ会社を辞める」「アメリカ人はカネにうるさい」「血液型がA型の人は几帳面だ」——これら表面的な属性にすぎないものを、すべての個人の内面的属性と無理やり結びつけるのは、不健全な人間観の最たるものである。ましてや血液型と性格にはなんの関連性もないのだ。しかしながら、上司や周囲の人間がそういう見方をしていると、いつの間にか自分も同じような人間観に染まってしまいかねない。心当たりがある人もいるのではないだろうか。

中国人はどうせすぐ辞めるから最低限の研修だけやっておけばいいといっていたら、それに嫌気がさして中国人がほんとうに辞めてしまった。それを見て、やっぱり中国人はすぐ辞めるというのはまちがいないと確認し合うようなら、その職場の人間は誤った人間観を強化する負のスパイラルに入り込んでいるといっていいだろう。

そうならないためには、仮にそう思っても、いや、こんな事例もあると、さまざまな側面から人間を見て、それを言葉にしてみることだ。そして、できればそういう言葉のキャッチボールを周囲の人たちとするのを習慣化する。そうすれば、問題の背景を過度に一般化せずに、負のスパイラルに陥る愚を避けることができるはずだ。

34 予期せぬチャンスは親しくない人からやってくる

家族のように強い絆で結ばれているネットワークは、ダウンサイド（下降気味）の際に自分を守ってくれる強固なセーフティネットとして機能する。

しかしながら、同質性の高い人どうしが固まれば、外界とのあいだには壁ができ、雇用やキャリアの機会は減少せざるをえない。それで、不利な立場に追い込まれた人たちが支え合おうとますます絆を太くすると、さらに壁が高くなって社会との軋轢が激しくなる。失業率の高さに耐えかねてフランスの北アフリカ移民が暴動を起こしたりするのは、まさにそういうことの帰結だといえよう。

ハーミニア・イバーラは、大きくキャリアチェンジするときには、家族や友人といった太い絆のネットワークはあまり役に立たないばかりか、むしろ邪魔をすると指摘している。キャリアアイデンティティを再構築するには予期せぬチャンスがたくさん起こることが必要であり、それは多様で開放的な弱い絆のネットワークからもたらされるのだというのだ。

そして、このことは雇用だけでなく、社内でキャリアを発展させる機会にも当てはまる。

私のインタビュー調査でも、キャリアが一気に広がるような経験をしているのは、たまたま会議などで言葉を交わした他部門の人から声をかけられて、専門外のプロジェクトに加わったことがきっかけというような人がほとんどだ。逆に直属の上司は優秀な部下ほど手放したくないので、自分のところに抱え込んで新たな経験をさせないものである。

つまり、自分らしいキャリアをつくるためには、社内でも上司の顔色だけを見て仕事をするのではなく、ふだんからいろいろな部署の人たちとつきあって弱い絆を広げておくことが有効だといえる。

さらに、社外においてもさまざまな人たちとつきあい、多様で開放的なネットワークを構築しておけば、そこからさらにチャンスは広がるのである。そのためには、義理よりも人情を大事にすることと、見返りを期待しないで人の役に立つという姿勢でつきあうことが大切だ。また、日ごろから自分の問題意識や得意技を、いろいろな人にさりげなくアピールしておくことも、緩やかな人間関係の輪を広げるのに効果がある。

あとは、取り立てて親しくなくても、気になったり話を聞きたいと思ったりしたら、積極的に会いにいく習慣をつけておくと、人脈も広がるし人を見抜く力も養われる。

広告業界の事例だが、ある人は自分が興味をもつテーマの専門家である著名な大学教授に一度会ってみたかったが、理由が必要である。そこで担当の顧客に、プロジェクトに関して外部専門家による検討委員会をつくることを提案、その候補者として件《くだん》の教授をあげ、仕事を理由に個人的関係が築けるように仕掛けた。会社から命令されての外部折衝《せっしょう》では、せっかくのチャンスなのに個人的関係にもちこもうとの発想さえできない人が多いのではないか。

それから、ぜひやってほしいのは、仕事でも趣味でも未知の世界にデビューすること。そうすればまったく新しい人間関係が手に入ると同時に、そこでこれまでとは違うフィードバックを受けることができる。新たな仲間から自分がどう見えるかを知るのは、それまで気づかなかった自分の側面を発見することにほかならないのだ。

35 信頼という能力は面と向かわないと育まれない

弱い絆で結ばれたネットワークの多様で開放的な人脈の恩恵を受けるためには、信頼し、信頼されることがうまくできる必要がある。

ただし、そこにいる人をやみくもに信頼すれば、自分も信頼されるようになるわけではない。一般化された信頼というのは、たんなる意思の問題ではなく確固たる能力なのである。

それでは、信頼されるための能力とはいったいどういうものを指すのか。それは、面と向かった相手に短時間で、この人間は信用できそうだと思わせる対人関係構築能力だ。

それには、発言したことと行うこととのあいだに一貫性がなければならない。状況によって発言がコロコロ変わったり、自分の利益のためにウソをついたりしていては、信頼など得られるはずがないのである。

上司の顔色ばかりうかがうような「ヒラメ」も信頼に値しないのは明らかだ。ちなみにヒラメとは、海底にいて上しか見ていないところから転じて、つねに組織の上の人を気にしているサラリーマンを揶揄する意味で使われる言葉だが、もう一つ、ヒラメは上から見るかぎり、腹の色が見えないという特徴もある。本心では何を考えているかわからない点でも、ヒラメタイプの人は信頼に値しないのだ。

また、人の話をきちんと聴く習慣やスキルのない人も、信頼されるのは難しいといえる。それから、相手が信頼できるかどうかを見抜く能力もないと、人脈をつくったはいいが、そこからなんの利益も得られないということになりかねない。

問題はこれらの、信頼されたり、人を見抜いたりする能力は、不特定多数の人とフェイス・トゥー・フェイスのコミュニケーションを重ねることによって、少しずつ身につけていくしかないことだ。だから、面と向かっての会話は苦手だといってメールにばかり頼っているようでは、いつまで経ってもこれらの能力が自分のものにはならないのだ。

なぜなら人のコミュニケーションのなかで、アポイントの調整のようなものではなく、人間関係構築などの抽象性の高いものは、文字情報で伝わるのは半分以下で、むしろ声のトーンや表情、身ぶり手ぶりで半分以上が伝わることが実験から証明されているからだ。カノジョの家に電話して怖そうな親父が出てきたときに、声のトーンだけを頼りに、自分がいいかげんな人間ではないという印象を与えるのは、とてもよい試練になっていたのだ。

信頼したりされたりが苦手だといって、同質性の高いネットワークのなかで、あらかじめ信頼できるとわかっている人としかつきあわないでいると、ますます多様で開放的な弱い絆のネットワークがつくれなくなり、その結果、キャリアの可能性がどんどん小さくなっていく悪循環は、もはや指摘するまでもないだろう。

それから、仕事で創造性を求められる人にとっても、開放的なネットワークはたいへん重要な意味をもつ。なぜなら創造性とは多様な個性がぶつかりあうなかから生まれるのであって、個人のなかに単独で存在するのでは決してないからだ。

オンラインコミュニティのように、同じ課題を抱えた人たちが、物理的空間の制約を受けずに人間関係を築くことができることからも、ＩＴは創造性を生み出すための非常に便利なツールになりうるのである。

ただ、やはり顔が見えないぶん、一般化された信頼の能力がないと、個人のブログを炎上させたりといった事態を招きやすい。社会関係資本とＩＴの関係にくわしい明治学院大学の宮田加久子教授によれば、多様な意見をもった人と冷静にディスカッションする訓練を受けていない人がネット上で論争すると、異なる意見を徹底的に排斥《はいせき》したり駆逐《くちく》したりするといった極端な行動に出がちで、とくに日本、韓国、中国ではそれが顕著だという。

インターネット社会でもリアル社会でも、弱い絆のネットワークの一員となるには、一般化された信頼と互酬性を理解し、その能力を高めることが不可欠だということを、いま一度強調しておきたい。

Chapter 6

組織のなかでの成長

36 日本一長い朝礼で感情脳を鍛える

一般に、人間の脳には感覚、直感、思考、感情の四つの機能があるといわれている。そして、このうちのどの機能をおもに使うかは、仕事によって違ってくる。

オフィスワークの仕事は明らかに思考に偏っているし、ものづくり現場の職人は感覚機能を使って仕事をしているといえる。それからサービス業のような顧客接点で働く人は、お客さんの気持ちや感情を察知し、さらに自分の感情をマネジメントして相手が喜んだり気持ちよくなったりするようにしているのだから、感情機能を働かせる機会がほかの仕事より多いといえそうだ。

ちなみに、最近はこの顧客接点で働く人たちのことを、知識労働者や肉体労働者という言い方に倣《なら》って「感情労働者」というようになってきている。じつは感情は、これまでビジネスにおいてはほとんど無視されてきた。それが、モノの価値だけではなかなか差別化が図れなくなり、心理的価値が指摘されるようになってきてからというもの、俄然、注目が集まりはじめているのだ。

直感機能の比重が大きい仕事もある。クリエイティブワーカーがそう。現在ではあらゆる職種でクリエイティブワーカー的な仕事の領域がふえているので、感情機能と同様に、直感機能もまた重要視されるようになってきているのである。

社員の感情機能や直感機能を鍛え、仕事に活かすことでビジネスを成功させている会社の代表が、沖縄教育出版だ。

社名には教育出版とついているものの、メイン事業は沖縄の薬草など安全・安心な素材を使った健康食品や化粧品の通信販売で、電話を使って営業をするアウトバウンドの会社である。

アウトバウンドというと、ふつうはプッシュ販売と思われがちだが、この沖縄教育出版はそうではない。あくまで人間中心のビジネスモデルなのだ。具体的にいうと、担当者が四〇〇人から五〇〇人の顧客を随時電話でフォローしながら、この人の勧める商品ならぜひ買いたいと思ってもらえるような濃密な人間関係をつくりあげているのである。宣伝広告をほとんどしないし、実際、金融危機直後の二〇〇八年十二月には過去最高益を記録している。

それゆえ仕事では、思考よりも感情や直感機能が大事になってくる。それを鍛えるためにこの会社が大事にしているのが、日本一長いといわれている朝礼だ。

朝礼は、火・水・木曜日がチーム単位、月・金は一四五人の全社員が参加する全体朝礼で、いずれも一時間半から二時間かけて行われる。その間、社員が次々に前に出てきてテーマに見合った発表を行うのだが、社長はほとんど口を開くことはない。主役はあくまで社員なのである。

私も一度、見学というより参加させてもらったが、そのときは「お客さん自慢」というコーナーで、ある女性社員がこんな発表をした。

自分が担当している顧客で長く肝硬変を患っていた人に肝臓がんが見つかり、ついに余命宣告をされてしまった。悪いことは重なるもので、息子さんが脳梗塞で倒れ、自分より先に亡くなってしまったのである。その人は絶望の淵にあって、自分の人生も残り少ない、せめて会いたかった人にだけは会っておこうと決めた。そして、沖縄教育出版の担当者に電話をかけてきて事情を話し、ぜひ最初にあなたに会いたいのだと内地から飛行機で沖縄までやってきたのだそうだ。当然その彼女は迎えにいき、その日は首里城などを案内してまわったのだといっていた。

どうして顧客とのあいだでそこまで濃い人間関係がつくれるのか、正直、私は不思議でならなかったが、ほかの人の話を聞いているうちに、だんだんとその秘密がわかってきた。たとえば別の担当者は、最近、奥さんを亡くした初老の男性顧客が帰宅する時間を見計って、毎日「おかえりなさい」というために電話をかけるのだという。だれもいない真っ暗な部屋に帰る男性の気持ちを考えてそうしているのだ。この会社の社員はみなそういうことの積み重ねで、顧客とのあいだに人間関係をつくっているのだった。

朝礼では二時間かけて、こういうことを社員が発表し合うのだが、まさに、これが感情機能のウォームアップでありストレッチになっているのである。

また、この会社は障害者の雇用にも積極的で、実際、障害者雇用比率が七パーセント超とかなり高い。しかも、自閉症の人がパッケージ作業のリーダーをやっていたり、聴覚障害の人が朝礼で手話を教えたりと、社員のなかにごく自然に溶け込んでいて、ほかの人たちも健常者となんら変わらない態度で接している。これもまた、社員が多様性に対する感情機能を鍛えるうえでプラスに働いているといえそうだ。

いっしょに参加したＢＢＴ（ビジネス・ブレークスルー）の私の番組のキャスターは「この会社で十年働いたら、その間、別の会社で働いた人とは、まったく違う人間になるような気がする」といっていたが、まんざら大げさとは思えなかった。それくらい感情機能が豊かになる職場環境なのである。

沖縄教育出版は、過去十年にわたって高収益を続けており、県内では給与水準の高い会社にあげられているが、それを支えているのは、こうやって鍛えられた社員の感情や直感機能であるといってもいいだろう。

㊲ 教えるほうが教わるほうより偉いわけではない

年功序列には、正確にいうと三つの側面がある。賃金、役割と昇進、それから育成だ。賃金の年功序列は一九九〇年代半ば以降、多くの企業が成果主義と年俸制を導入するようになって、いまでは絶対的なものではなくなりつつある。

これに対し、年齢によって組織内の上下関係が決まる役割と昇進の年功序列は、日本では依然として幅を利かせているが、それでも昔にくらべればずいぶん変わってきたといっていいだろう。とくに大手企業でもＩＴのような技術革新のスピードが速い分野では、上司が部下より五歳年下などというケースも、いまでは決してめずらしくなくなった。

そもそも年齢に応じて昇進させるのは、社会の変化が緩やかだった時代のピラミッド型組織を前提とした発想である。経験が長いほど会社のことをよく知っていて、なおかつ年の功というように人格も備わっているはずなので管理職にふさわしいというわけだ。

しかし、現在のようにあらゆる面で変化が激しいと、部下のほうが上司より新技術にくわしかったり、柔軟な発想ができたりするのは当たり前であって、もはや年の功にこだわるのは、あまり意味がない。

ところが、そうはいっても現実には、役割や昇進から年功序列を外してしまうと、年下の上司に心理的な抵抗を感じるとか、年上の部下の扱い方がわからないといった新たな問題が発生しがちだ。要するに、組織内に序列発想が残ったままでは、どうしてもギクシャクしてスムーズにいかないのである。

だからこの場合は、最初にピラミッド型組織の序列発想を崩さなければならない。そのうえで、従来のコマンド・アンド・コントロール（統制管理）型ではないマネジメントスタイルの組織運営に切り替えるのだ。

具体的にいうと、全員が「さん」づけで呼び合い、上司は部下を絶対的な権限で支配するのではなく、対等な人間として尊重しながら、よいところを引き出すようにするのである。

部下であっても年上で経験豊かな人をうまく尊重し活用する支援型リーダーシップが、年齢の逆転により実現できたという話も実例として報告されている。

しかし一方で、まだ十分に意識されていないのが、育成の年功序列からの脱却である。これを支えてきたのもやはり序列発想である。ピラミッドの上にいる人は、それだけで下の人よりも能力が高いとみなされていた。だから上が下を教えるのが人材育成の基本だったのだ。

たしかに結晶性知能のように、ある程度、年齢を経ないと身につかない能力もあるにはある。しかし、いまの時代、年長者だからといって、すべての点で若者より優れていることなどありえないのである。

また、教える立場になると、とたんに偉くなったような気になって、それ以上、学ぼうとしなくなる人が多いのも育成の年功序列の弊害だといえよう。

もちろん、旧来の序列関係によって教える側と教えられる側が固定されていることが、すべてにおいて悪いわけではない。これまで日本の組織で、仕事のやり方などの伝承がうまくいってきたのは、上司や先輩は自分たちより能力があって仕事もできるのだから、自分たちは謙虚にそれを学ばせてもらうという意識が、若手社員のなかに根づいていたからである。

ただ、日本のビジネスパーソンはあまりにグッド・スチューデントだったために、教える技術が発達せず、結果としてワースト・ティーチャーしか育たなかったと、ある先輩が指摘していたのを思い出す。この点、アメリカはワースト・スチューデントの宝庫なので、ベスト・ティーチャーもまた育ちやすいのと裏返しであるというのだ。

しかし、多少見るべきところはあるとしても、固定的な序列関係による育成は、変化の激しい時代にはふさわしいとはいえない。自分が知りたいことを教えてくれるのは上司や先輩とはかぎらないからだ。年上だろうが年下だろうが、その分野をよく知る人から学ぶ、そういう風土を会社のなかにつくることが大切なのである。同時に、上司になったら教える立場に回るのではなく、つねに学びつづける謙虚な姿勢もぜひもっていただきたい。

38 人を育てる意識より人が育つ環境

部下や後輩を育てようという上司や先輩の強い意識こそが、日本型のOJT（On the Job Training）の要だと思っている人は多いかもしれないが、じつはそうではない。人を育てるうえで重要なのは、個人の意思よりも、育ちやすい環境を用意することのほうなのである。

さらにいうなら、こういうふうに育ててやろうという上司より、成長にかかわるのが自分の喜びなのだという謙虚な気持ちをもっている上司の下にいるほうが、部下は育つのだ。

育児のところでもいったが、人を目標管理で計画的に育てることはできないのである。フィードバックが人を育てるからといって、一年間に何回フィードバックしたら何パーセント成長するといった予定調和的な計算をしても、そんなものはそもそも成り立たないのだから、思ったように結果が出ないといらだっても仕方がない。それよりも、いつか育ってくれるだろうというくらいの気持ちでフィードバックを習慣化する。

人が育ちやすい環境とは、こういうことをいうのである。キャリアラボで行った二十代の若者の成長時間調査では、仕事のチャレンジ度、上司の支援的マネジメントスタイル、個人の成果意識、同僚やそれ以外の人たちとの横のコミュニケーション、教え合いや事例を共有する組織的習慣、学習の見える化などは、若者が成長を実感するうえで、とくに必要な要素であることがわかった。こういう習慣を組織にビルトインしておくべきだろう。

日本サッカー協会は、協会内にキャリアカウンセラーを設けるなどして、引退した選手がセカンドキャリアを開発する際の支援を、協会をあげてバックアップする仕組みづくりに乗り出している。

サッカーはほかのプロスポーツにくらべて、平均引退年齢が二十五、六歳と早い。しかも、子どものころからサッカーひと筋で、サッカー以外の世界を知らない人がほとんどなので、引退勧告を受けると、ほぼ例外なくキャリアショックに見舞われるのだそうだ。引退後に飲食業を始める人も少なくないが、なかには自分がJリーガーだったことを頑《かたく》なに隠しつづける人もいるという。キャリアショックをポジティブに乗り越えられないとそうなってしまうのだ。

これでは、人が育ついい循環が生まれない。協会が専門家の力を借りて、引退した選手が精神的に立ちなおり、セカンドキャリアを主体的に生きられるようになるための環境づくりを模索しはじめたのには、こういう背景があったのである。ちなみに、世界の主要なサッカー国では、こういったサービスは当たり前のように行われている。

また、セカンドキャリアの支援策の一つとして、プロやアマチュアのコーチ育成も協会は行っている。いいコーチの下で優秀な選手がふえればJリーグのレベルも上がるし、裾野《すその》も広がるのだから、これもまた好循環に貢献しているといっていいだろう。

一方で、昔の日本料理やホテルのパン職人の修業は、一見、人を育てる環境が整っているようだが、よく見てみると決してそうはなっていない。

これは、ある有名ホテルのパン職人だった方から直接聞いた話だが、パンの焼き方を何十年もかけて覚えるのは、じつはほとんど意味がないのだそうだ。実際は数年あれば技術は身についてしまう。しかし、それをやってしまうと低賃金で我慢して働いてくれる人がいなくなって、年功序列が崩れてしまう。そこでわざと一つの仕事を必要以上に長くやらせて、ほかの仕事を教えないという、あえて非効率な育成の仕方をしているのである。彼はそれに気がついて、途中で飛び出したといっていた。

その点、『ミシュランガイド』で東京の支店が二年連続で二ツ星に輝いた菊乃井は違う。三代目主人を務める村田吉弘氏によれば、日本料理の技術は、その気になれば五年あれば教えられるという。ただし、一流の料理人は技術だけではなく、茶の湯や焼き物といった日本文化に精通していなければならない。だが、こちらのほうは習得に時間がかかる。だから、菊乃井では新入りにも皿洗いなどさせず、五年間でひと通りローテーションさせて、それこそ独立できるくらいの料理のスキルを教えてしまうのだ。

経営の都合でいたずらに育成に時間をかけるのではなく、一流の料理人が育ちやすい環境をつくる。妥協することなく日本料理を真に世界に認知された料理にまで引き上げるためには、そのように考え方を変えていく必要があると話す村田氏の言葉を、ほかの業界の人にもぜひ参考にしてほしいものである。

39 部下は上司だけによって育てられるものではない

幕末に日本を訪れた欧米人は、女性が独立した一個の人格として扱われていることに、たいへんな驚きを覚えたといわれる。というのも、そのころ西欧では、女性は男性の所有物であるとする考え方が一般的だったからだ。

そのころの日本では女性も自立していて、なんと財産権まで認められていたのである。だから、三行半《みくだりはん》を夫に書かせ、夫を追い出して自分の財産を自己管理することも江戸時代の女性には可能であり、実際そういう事例も少なくなかったのだそうだ。

江戸時代は、粋《いき》でいなせな町人文化と、儒教と武士道を背景とした武士文化が両立していたともいわれている。それが明治時代になると、新政府は富国強兵と国民皆兵を打ち出し、それにともなって庶民も武士化されていく。その過程で明治民法により女性は財産権を失い、家にいて家庭を守り、育児に専念する役目を担わされることになった。

当時の資料を見ると、明治時代前半の家族写真には父親もしっかりと写っているのに、後半から大正時代になると、父親の姿が徐々に失われていくのがよくわかる。ホワイトカラーが誕生し、男は外で働き、家庭や育児は女の仕事という役割分担がそこでできあがったのだ。

また、江戸時代には各地に若衆宿《わかしゆやど》があった。地域の青年がそこで子どもたちにいろいろなことを教える、あるいは、沖縄のエイサーや博多どんたくのような祭りや行事の継承が行われる場所でもあった。そこでさまざまな人間関係を通じて、子どもたちはいろいろなものを学び育っていったのである。

このように昔は、子どもは男も参加して地域コミュニティが育てるものだったのだ。だから、自分の子どもでなくても悪いことをすれば叱るのが当然と、だれもが考えていたのである。

しかし明治以降は、子育ては母親の仕事であると変わっていき、それにつれて教育におけるコミュニティの役割もだんだんと小さくなっていく。これは、産業化社会の進展によって、分業の概念が社会全体に浸透した結果といってもいいだろう。

けれども会社はともかく、家庭に分業をもちこむのは、メリットよりもデメリットが大きいとわざるをえない。最大の問題は、お互いの仕事に対する感受性が薄れることだ。

夫は、自分は外で働いているのだから育児は妻の責任だと、日中、一対一で子どもと向き合っている妻の苦労をわかろうとしなければ、ＰＴＡ活動にもいっさい顔を出さない。いまは少子化で手伝ってくれる兄弟もいなければ、商店街もシャッター通りと化し、子どもに声をかけてくれる人もいないのだ。妻が文字どおり孤軍奮闘で子どもを育てなければならないのである。これでは妻が育児ノイローゼになっても仕方がない。

職場でも仕事の専門化や分業化、またＩＴ化によって個人の仕事が見えにくくなったことにより孤独感に襲われ、メンタルを病む社員がふえているが、同じことが家庭の主婦にも起こっていることに夫は気づくべきなのである。

要するに、妻を責任者として育児のすべてを一任する発想は、すでに限界が見えているのだ。子どもはみんなで育てるという意識をもち、それができる風土と仕組みをつくることを考える時期に来ているのではないだろうか。

京都の花街には、一人の芸舞妓《げいまいこ》を街全体で育てる仕組みができあがっている。戦前は借金の形《かた》などとして六、七歳で舞妓になる人がほとんどだった。たいていが京都出身者だったので京言葉だけはしゃべることができた彼女たちは、十年以上かけて座持ち能力というきわめて高度な総合プロデュース能力を身につけ、晴れて芸妓となったのである。

ところが戦後は義務教育が徹底されたこともあって、十五歳までは舞妓になれなくなってしまった。しかし商売を考えたら、二十歳までには芸妓に育てなければならない。つまり、それまで十年以上かけてようやく自分のものとなった座持ち能力を、わずか五年で教え込まなければならなくなったのである。しかも芸舞妓になりたいというのは、修学旅行で京都に来て、そこで見た舞妓さんにあこがれを抱いたような人ばかりで、借金の形といったモチベーションもなければ、京言葉の素養もないときている。

そこで京都の花街は、踊りや長唄、三味線といった芸舞妓に必要なスキルをまずは集中的に教えるために、それぞれのお師匠さんたちを集めて歌舞練場という学校をつくった。

それから、芸を披露する場所であるお茶屋の女将《おかみ》や常連の客、先輩の芸妓、さらに街の人たちなどが、さまざまなかたちで舞妓たちにフィードバックできるようにしたのである。

たとえば、お座敷に出て一年以内の舞妓は唇の下半分にしか紅《べに》を差してはいけない決まりになっているので、それを見た常連の客は、ここはこうしたらいいという具合に声をかけるし、別の置屋《おきや》の舞妓でも、自分の一年目のことをふりかえり、先回りしてあれこれ手伝ってくれるのである。また、舞妓のだらりの帯のいちばん下には家紋が入っていて、それを見ればどこの置屋かがわかるようになっている。それで街の人でも何か気づいたことがあれば、すぐに置屋に連絡を入れることができるのだ。

さらに、置屋の女将が自分のところの舞妓に、今日だれからどんな場面でどんなことをいわれたかを尋ね、あるいはこんな話があったと本人に伝え、そのうえでいま何を学ばなければならないかを本人に考えさせながら教えるといったことが、毎晩のように行われているのである。

厳しい条件にもかかわらず京都の花街で芸妓が育っているのは、こういう仕組みができあがっていて、しかもうまく機能しているからなのだ。日本の多くの花街で、優れた芸妓が減り収入が減少しているが、京都だけ最近もちなおしているのは、伝統を守るためには昔どおりではない新しい人材育成のシステムが必要であることを理解しているからだろう。

これを上司と部下のような一対一の関係でやろうとしても無理だろう。長期のキャリア形成だと上司と部下の利益は相反しがちで、うまくいかないことのほうが多いのだ。

それよりも、多くの人からのフィードバックで育ててもらえれば、次は自分がフィードバックを返すほうに回ろうと、互酬性を通じていい循環が生まれる。こういう環境をつくることが大事なのである。

40 自分に向いている仕事が何かは自分ではわからない

「クライアントに何が欲しいかを聞いてはいけない。なぜなら、クライアントは見たこともないものは欲しがれない。見たこともないものを提供するのが自分たちの仕事だからだ」

私がマッキンゼーに入ったばかりのころ、ある先輩からこういわれたのをいまでもはっきりと覚えている。

そして、これはキャリアにもそっくりそのまま当てはまるといっていいだろう。

就職経験のない若者は、これなら自分を充実させることができるという仕事を実際にやっていないのだから、何が自分に向いているかなど、ほんとうはわかるはずがないのである。

結婚にも同じことがいえる。ただ最近は、就職も結婚も、それをしなければいけないという社会からのプレッシャーが昔ほど強くはない。それが晩婚化や就職浪人がふえる理由の一つになっているのである。

沖縄の「アンマッチ現象」もそうだ。沖縄では、若者の雇用先としてサービス業の比率が圧倒的に高いのだが、九時から五時まで決まった時間だけ働いて土日は休める製造業などにくらべて仕事が厳しいというイメージから、沖縄の若者はサービス業を敬遠する傾向が強い。結果として、内地から来た若者にせっかくの就職機会を奪われてしまっているのだ。

別の項で取り上げた「みんなでグッジョブ運動」では、受け入れ側に職場環境や教育体制の改善を求めると同時に、沖縄の若者の就職意識を変えることで、このアンマッチ現象の解消を図ることを課題の一つとしている。

とにかく、選ぶほうの個人の自由度が増せば増すほど、アンマッチという問題は顕著になってくる。かといって、わからない人に無理やり選ばせても、そこに効率的な市場はできあがらない。

では、どうすればいいのか。周囲が理解の手助けをしてあげるという手がある。たとえばプロジェクトや人事異動の社内公募をする際も、本人の自由意思にまかせるだけでなく、応募者に、仕事の中身はこうで、その仕事をやるには君の能力だとここが足りないというような具体的なアドバイスをするなどして、みずから気づく機会を提供する。

ところで、職種別採用というのがあるが、これは働いたことのない学生が的確な職種を選べるはずがないのだから無意味なのではなく、働く意欲の高い学生を採用するためのものだと考えればいいのである。採用したあとで仕事をさせながら試行錯誤の機会を与え、そのうえでほんとうに自分に合った職種に気づいてもらえばいい。

私は毎年、中国に人材マネジメントの調査に行っているのだが、その際、日系企業の日本人の人事担当者や経営トップから必ず聞かされる話がある。

中国の大学生は意欲の高い人ほど採用面接で、決まって「三年以内に管理職にしてくれ」「マネジャーになれるチャンスが早く欲しい」といってくる。けれども、そんなのはとうてい無理なのでそう伝えると、日本企業はいまだに年功序列で教育熱心でないとのよからぬ評判が立ってしまうというのだ。

ところが、あるとき欧州系の大手企業を訪問し、四十代の中国人人事部長に中国の若者の採用状況と就労意識についてインタビューしたところ、「彼らは三年で管理職にしろというが、勘違いも甚《はなは》だしい」というので、やはり日本以外の企業も同じことを感じているのかと思ったら、あにはからんや、そこから先の彼の話は日系企業の人事とはまったく違っていた。

三年で管理職にしろというような学生は概してやる気にあふれ、能力も高い場合が多いから、会社としてはぜひとも採用したい。それで、三年間でひと通りのマネジメントスキルをつけさせるプログラムを開発し、当社にはそういう教育支援のシステムがあるとアピールする。そして入社してきたら、きちんとそのプログラムを受けさせる。

しかし、それで三年経ったら管理職になれるかといったら、現実にはそういう人はまずいない。でも、それでいいのだという。

つまり、そのプログラムの真の目的は、管理職育成を加速することをめざしながらも、三年程度では管理職の仕事はできないということに気づいてもらうことだったのだ。

ただ「わかっていない」といって切り捨てるのは簡単だが、それでは何も生まれない。大事なのは、自分で考え行動を起こし、試行錯誤する機会を与えることなのである。

人は、それが自分で選んだものなら、たとえ失敗してもそれを糧《かて》として、次のキャリアに活かすことができる。それが自律的キャリア形成であり、そういうことが可能な会社にこそ有能な人材は集まるのだ。

Chapter 7

組織の見極め方

41 就職は仕事選び以上に組織選び

「就社ではなく就職である」

就職活動中の学生に送るアドバイスやメッセージの定番ともいえるフレーズだ。だが、これはほんとうだろうか。私にいわせれば、これは明らかに誤解である。

もちろん、自分がどんな職業に向いているかを考えるのは、学生の場合、それが思い込みの域を出ないとしても、自分自身を理解する意味では十分に意味があるといえよう。しかし同一業界であっても、会社によって企業風土や文化、あるいは事業ビジョンや戦略などは決して同じではない。つまり、働く環境やそこで築けるキャリアも、会社ごとに違ってくると考えたほうがいいのである。

アメリカのサウスウエスト航空。ここは低価格で手軽に利用できることに加え、客に楽しんでもらえるフレンドリーなエアラインをめざしている航空会社として有名だ。

たとえば離陸した飛行機が水平飛行に移ると、キャビンアテンダントが出てきて「さあ、みなさん、靴を脱いで。靴下に穴があいている人がいたら手をあげてください」と始める。手があがった人の靴下の穴をチェックしてまわり、いちばん大きかった人に「今日の靴下の穴コンテストの優勝者です」といって商品を渡す。

そういうユニークなことを、会社のマーケティング部門の企画ではなく、従業員が自分の裁量でやるのがこの会社の特徴なのだ。それゆえ、お客さんを楽しませる能力が、この航空会社ではもっとも重要視されているのである。

また、アメリカの航空会社には職種別に労働組合があるので、ユナイテッド航空の整備士がノースウエスト航空の整備士に転職することはあっても、ユナイテッド航空のチェックインカウンターに立つことは、ふつうはありえない。

ところがサウスウエスト航空では、いまやっている仕事が自分に合わないと思えば、同じ社内で別の職場に異動することができる。しかも会社は「一日体験デー」という、ほかの職種の業務を実際に体験できる日を設けて、積極的に支援しているのである。

なぜかというと、サウスウエスト航空では職種適性よりも会社適性が大事なので、だれかを楽しませたいという会社の求める能力をもっているなら、働きやすい職場で長く頑張ってもらったほうがいいとの考え方に立っているからだ。

同じ業界でも社員に求める能力がぜんぜん違うケースは、それこそ枚挙に暇がない。

タクシー会社では、売上が一匹狼的な運転手の力量に依存しているようなところは、運転手が一定期間で入れ替わることを前提にしている。タクシーの売上は運転手のやる気や創意工夫に負うところが大きいので、通常は気持ちが新鮮な入社一年目がいちばん成績がよく、そこから徐々に売上が落ちていくからだ。

また、それなりに稼げる人は何年かすると、もっと稼げる個人タクシーに移っていくのだが、途中で事故を起こしたりして個人タクシーをあきらめた人は、意欲もないまま惰性で仕事を続けるから、その意味でも長くいる人は、会社にとってあまりありがたい存在ではないのだそうだ。

それに対し先にもあげたが、ＭＫタクシーや日本交通のような企業としてのブランディングを重視している会社は、ＧＰＳを導入したり自社専用乗り場をつくったりしているので、勘がいいとか道をよく知っているというよりも、安全運転で感じがよく、本部の指示どおりに動ける人が向いていて、そういう人にできるだけ長く働いてもらいたいと思っている。

さらにベンチャー企業では、社長の考え方や個性がそのまま社員の労働環境に反映されるという話は、すでに別のところでしたとおりである。

このように会社は千差万別なので、単純に業界や業種だけで会社選びをするのは、じつはたいへん危険なのだ。

むしろ就職活動で大事なのは、足で稼ぐ定性情報のほうである。興味のある会社があれば、実際にその会社を訪問し、自分の目で職場を見る。あるいはそこで働いている人に話を聞いてみる。同業他社の人にヒアリングしてもいいし、インターネット上の書き込みも参考になるだろう。そしてそれらの情報から、その会社で働く自分の姿をイメージし、どんな気分になるかで判断してみるのだ。

また、こういうことは感情予測機能が優れている人ほどうまくできるので、学生時代は役に立ちそうな資格を取得してリスク回避をしようなどと考えるより、さまざまな経験をして教養を高め、感情や直感を磨いておくことが大切なのである。

42 グローバル化の障害は日本人か日本企業か

中国で有名なある大手アパレル企業のトップと話していたら、当社の商品品質はまちがいないとしきりに強調するので、その理由を尋ねると、それは、工場長が日本人だからだという答えが返ってきた。

なんだかんだいっても、モノづくりでは、中国人は日本人の足元にも及ばない。けれども日本人は経営が下手だから、中国人の私が社長をやっているのだとも彼はいっていた。

実際、中国で人材斡旋《あっせん》をしている人に聞くと、中国の生産現場では、かなりの数の日本人技術者が働いていて、なかでも五十、六十代のシニア層の割合が多いのだそうだ。しかも、日本にもどりたいという人は多くないという。

最初はちょっと信じられなかったが、理由を聞いてなるほどと思った。

先ほどのアパレル企業を例にあげると、工場は寧波《ニンポー》にあって、日本人技術者の年収はおよそ七〇〇万円、ほかに工場の近くにアパートが提供されている。ほかの会社もだいたい条件は同等だそうだが、寧波で家賃を除いて年収七〇〇万円あれば、かなり優雅な生活ができる。それに加え、中国の若者は技術の習得に貪欲で、非常に熱心に学ぼうとするから教えがいもあるし、何より彼らは先生として敬意を払うことを忘れない。

いい暮らしはできるし、毎日、日本の会社では味わえなかった充実感に包まれて仕事ができるのだから、日本に帰りたくもなくなるだろう。

それに対し、現地の日系企業で、日本の本社から派遣されてきている日本人マネジャーのほうは、一日も早く日本に帰国したいと望む人が少なくない。

たとえば、日本の大手メーカーのある工場の生産技術部長だった人が、中国の子会社に工場長として派遣されるケースを考えてみよう。高度成長期であれば会社に対するロイヤルティが強かったので、それなりの覚悟と決意で辞令を受けただろうが、いまはそれほど明確な組織ロイヤルティもなく、親の介護や子どもの受験などを抱えて、むしろ家族いっしょの安定した生活が会社都合で崩れることに不満をもつ人も少なくないだろう。よってモチベーションが上がらぬまま赴任することになるのだ。

一方、社員を中国に異動させると、福利厚生費などを含めた年収は、一般に日本で働いているときの約三倍といわれているから、マネジャークラスだとまちがいなく三〇〇〇万円以上かかると思ってよい。やる気がある技術者が七〇〇万円なのに対し、イヤイヤ派遣される工場長は三〇〇〇万円。これは非常にいびつだといわざるをえない。

要するに、実際には世界に通用する技術があるのに、日本でグローバル人材が育たないのは、日本の大企業の旧態依然とした仕組みがそれを妨げているからなのである。もっと具体的にいうなら、すべてを序列に収斂する考え方が最大の問題なのだ。

中国の子会社の社長をだれにするかを決めるとき、本来ならば適性や能力を見極めたうえで最適な人をあてるべきなのに、中国の子会社の社長は本社の序列でいえばこのあたりと、そのランクの人間から選び、選ばれた人はろくにトレーニングも受けないまますぐに現地に行かされるのだから、これでうまくいくほうがおかしいのである。

その点、韓国のサムスン、ポスコ、LGなどは、社内のグローバル化が進んでいないからこそ、海外勤務をさせる社員には、その前になんと一年間もかけて語学やマネジメントなどを教育し、現地に派遣して社会になじむ時間を与える。成果を上げるためにはそれくらいやらなければならないのだ。

また日本では、会社のトップが海外の視察に行くときは、休日でも現地の駐在員が空港まで迎えにいき、ホテルまでアテンドするのが当たり前となっているが、これはほんとうに情けないといわざるをえない。少なくとも海外に支社や工場をもつグローバル企業のトップなら、駐在員の貴重な時間を奪うようなことをせず、自分でホテルにチェックインできるくらいの能力は身につけてほしいものである。

しかしながら、個人に目を向ければ、海外のさまざまなところで頑張っている日本人はたくさんいる。私はダイビングが趣味なので、かなり辺鄙《へんぴ》な場所にあるダイビングスポットまで出かけていくが、そういう場所でも日本人スタッフに出会うことはめずらしくない。もっとも、明らかに女性の比率が多いのは少し気になるところではある。

それから、日本のスタイルに疑問を感じ、古い慣習を捨ててみずからが考案した合理的なやり方で、世界から評価を受けている人だっていないわけではない。

『ミシュランガイド東京』で、二〇〇八年、二〇〇九年と二年連続三ツ星に輝いたフランス料理店は、東京では三軒しかない。そのなかで唯一、日本人がシェフを務めているのが、白金台にあるカンテサンスだ。しかも最初に三ツ星を獲ったとき、この店のシェフである岸田周三氏は三十三歳という若さだったのである。

私も自分でその料理を味わってみて、そのレベルの高さには正直、舌を巻いた。まずは食材へのこだわり。食材として最高の子羊は、フランス・ブルゴーニュ地方で塩水を含んだ草を食《は》み、潮風に当たって育った子羊だそうだが、岸田シェフはそれに匹敵する素材を日本国内で探し求め、北海道焼尻島《やぎしり》の子羊が近いことを発見し、わざわざそこから仕入れている。また、調理の際もタンパク質が凝固しすぎず、もっとも旨《うま》みが出る六五度から七五度で、なおかつ中まで均質に火を通すため、一分オーブンに入れて五分外に出すという作業を二〇回くりかえす、非常に手間のかかることをやっているのだ。

こういう独創性や自分なりのやり方へのこだわりがあるからこそ、ミシュランから三ツ星の評価を得ることができたのだが、もし彼が日本の組織にいたら年功序列の壁に阻まれ、三十三歳という若さで頭角を現すことは難しかったかもしれない。

先述した菊乃井の主人・村田吉弘さんも、留学先のパリで、いいかげんな日本料理店が適当な料理を出し、低い評価に甘んじている現実を目の当たりにして、本物の日本料理を海外で再現しなければならないとの思いに駆られ、それにはクリエイティブな人材を効率的に育てなければならないと、五年でひと通りの技術が身につくプログラムをつくったのである。

ワークスアプリケーションズの牧野正幸CEOが、新卒や中途採用者に長期間のインターンシップを課しているのも、世界に通用する日本発の創造的なソフトウェアパッケージを開発する目的からだ。そのためには論理思考だけではなく、ずば抜けたクリエイティビティが必要なのだが、それは一度や二度の面接やペーパーテストではわからない。だから何日もかけて禅問答のようなやりとりをくりかえすのだ。

このワークスアプリケーションズのように、グローバルスタンダードを表面的に受け入れるのではなく、グローバルという環境に自分たちの考え方ややり方で自律的に対応していくことが、真のグローバル化の意味なのである。

43 人を大切にするのではなく、どう大切にするかが重要

人を大切にしないという経営者には会ったことがない。そういう意味では、どの会社も人は大切だと思っている。ただ、どうやって大切にするのか、その中身は会社によって違う。

人を大切にするのが雇用を保証するという意味なら、解雇はしない代わりに命令一つで全国全世界どこにでも行ってもらうということは当然、起こりうる。あるいは会社の都合でどんな仕事を命じられても文句をいうなという雰囲気が、その組織を支配しているかもしれない。

一方で、発展可能で長期的にもちつづけられるキャリア形成をサポートすることが人を大切にすることだと思っている会社なら、自分らしいキャリアをつくりたい人にとってはうってつけだといえる。

また、社員が家族を支えられるようにと家族手当を払っているが、残業が多くて家族と話をする時間もないようでは、その組織にいたら家族を経済的に支えることはできても、精神

的には支えられないだろう。

このように、会社によって人を大切にする仕方が違うので、入社する際は事前にこの点を見極めておくことが必要だ。

私は、現代において会社が人を大切にするというのは、社員の個別の事情に会社が対応することだと思っている。

よい例が女性社員への対応。いつ子どもが生まれるかわからないし、生まれた子どもも元気だったり病気がちだったりとさまざまだ。子育てについても、同居している両親が手伝ってくれる場合もあれば、一人で育てなければならないケースもある。出産や育児はきわめて個別性が高いので、一律公平な対応は難しいのである。老親の介護を抱えた男性社員などにも同じことがいえるだろう。

別の項でも述べたが、日本はもともと織田信長や豊臣秀吉によって農本主義的中央集権が確立された。それがさらに幕藩体制となり、武士の世界では仏教に代わり儒教が用いられ、忠誠心が重んじられるようになる。そして明治維新から先は富国強兵のために、武士の組織ロイヤルティが社会全体に適用されるようになり、それがそのまま第二次世界大戦後の会社中心主義に置き換わったのである。その過程で儒教や神道による価値観が、国家さらには会社の求心力を高めるため意図的に利用されてきた側面も見逃せない。

しかし、歴史学者の網野善彦も指摘しているように、現代の日本は、織田信長や豊臣秀吉の時代に匹敵するほどの歴史上の大転換点に差しかかっている可能性がきわめて大きい。具体的にいうと、学校を卒業したらみんないっせいに社会人になり、同じような年齢で結婚し、子どもを産むといった、均一化した人生のモデルパターンが意味をなさなくなりつつあるのだ。それにともない、会社の人事も二つや三つのコースでは対応できなくなってきている。

マスによる一元管理ではなく、個の事情に則した柔軟な対応が求められるようになってきているというのは、まさにそういうことなのだ。

そうなると今後は、人は資産ではなく資本であるとの考え方が重要になってくるだろう。資産は管理可能な会社の持ち物だが、人は会社の所有物ではないし、自由意思で動く人間を管理できるはずがない。

むしろ、人とは知恵や労働力で会社の資産をふやす元手なのである。その点では、資本金という元手を提供してくれる株主となんら変わりはないともいえる。

いかにこの人的資本を大切にするか、これがこれからの組織の課題だといっていいのではないだろうか。

44 人事に哲学があるかではなく、会社や事業に哲学があるかが重要である

よく、自分の会社が人事や人材マネジメントに関して、いかに普遍的で優れた哲学をもっているかを語る人がいるが、そういわれても、そのことにどれだけの意味があるのか、はっきりいって疑わしいといわざるをえない。なぜなら、企業ビジョンや事業ビジョンが健全でないかぎり、人事や人材マネジメントの哲学だけが優れていることはありえないからだ。

かつて証券業界は推奨販売方式というビジネスモデルで運営されていたが、お世辞にもこれは健全なビジネスモデルとはいえなかった。推奨販売方式とは簡単にいうと、営業マンが証券会社の勧める特定の推奨銘柄をひたすら顧客に売りまくって売買手数料を稼ぐやり方である。実際、営業力の大きな会社がそれをやると、多くの客が買うので特定銘柄の株価が上がるのだ。一種の株価操作といえなくもない。

営業マンは重要な大口の顧客から順番に、これがこれから上がる株だといって勧めてまわる。すると当然ながら、最後のほうで小口の顧客が買うころには、株価が上がりきってしま

っている。しかし、それでも売れば手数料が入るので、まだまだ上がるといって売ってしまうのだ。だが、いつまでも上がりつづけるはずがないので、やがて株価は元にもどる。当然、高値をつかまされた客からは「上がるといったのにどういうことだ」とクレームが入る。

そのころの証券業界は、三年ごとにすべての営業マンを異動させるという人事モデルをとっていた。

バブルが崩壊したばかりのころ、ある準大手証券会社の経営トップに、なぜ証券会社はどこも三年ごとに全営業マンを異動させるなどという無駄なことをするのかと尋ねたことがある。すると、彼はこういった。

「証券会社の営業マンは、三年以内にすべての担当顧客の信頼を失うからです」

まさに不健全としかいいようのない事業モデルゆえの人事だったのである。

ところが、いまは昔にくらべて売買手数料が安くなったために、かつてのようなやり方をしていても事業が成り立たなくなってしまった。また、団塊の世代がリタイアして、高額な退職金を長期的な視点で運用したい人がふえてきている。

そこで、証券会社にもファイナンシャルアドバイザー（FA）という異なるビジネスモデルが導入されるようになってきた。彼らは最初から転勤や昇進がなく、一つの地域で顧客と信頼を築いて、十年、二十年といった長い期間、資産運用のお手伝いをするのである。収益源も売買手数料ではなく、預かり資産額に応じて課金されるフィーになるのだ。

このFAと同じような傾向はIT業界にも見られる。以前は技術的に優れたメインフレームをつくって売るというビジネスモデルしかなかったが、コンピュータのダウンサイジング（小型化）が進み、いまは顧客にテーラーメイドのソリューションを提供するのが主流となってきた。ところが従来のピラミッド型組織では、ソリューションビジネスに対応できない。

そこで、IBMのICP（IBM Certified Professional）のような、管理職を昇進のキャリアパスとせず、顧客向きのプロフェッショナルを推奨するような人事制度ができたのである。

このように人事や人材マネジメントは、必ずビジネスモデルや経営ビジョンと表裏一体になっているので、まずはその会社の経営ビジョンや事業ビジョンに注目し、健全かどうかを見抜くことが重要だといえよう。雇用安定を謳うのであれば、正社員の雇用が安定しやすいビジネスモデルや組織モデルがあってはじめて意味があるのだ。

おわりに

本書で取り上げた44のキーフレーズは、私がこれまでのキャリア研究で気づいたり、発見したりしたもののなかから、とくに汎用性が高いと思われるものを選んだ結果である。

この44のキーフレーズだけで十分というわけでは、もちろんない。まだまだ重要なものはいくらでもあるはずだ。

そこで読者のみなさんには、自分のキャリアをふりかえって、どんなときに充実や挫折を感じたかや、そのとき背景にはどんなことがあったかなどを思い出し、キャリアチャートをつくっていただきたい。そして、そこから自分の学びや気づきを発見し、それらを自分の言葉でキーフレーズにするのだ。これは自分らしいキャリアづくりのための持論アプローチとして、たいへん有効である。

このように、自分の経験から学ぶのはキャリア形成にはたいへん大事なことなのだが、肝心の学ぶ能力がないことにはどうにもならない。本文でも紹介した小樽商科大学大学院の松尾教授によれば、経験から学べないのは働く姿勢が悪いからだという。

そこで、私なりに悪い姿勢を五つに分類してみた。

一番目は、仕事もキャリアも自分で仕掛けない、なんでも他人のせいにする「受け身タイプ」。

失敗したら自分は関係ないと責任を回避し、成功してもただのラッキー。主体的に取り組んでいないので、そこから何も学べないのだ。この手の人は、キャリアの初期段階で具体的で狭い目標をつくり、関係ないと思われるものは、はなから嫌いなもののリストに入れるような過ちを犯してしまっているのだろう。このままでは人を恨んだり呪ったりするネガティブな人生しか送れない。まずは、仕事に主体的に臨むことだ。

二番目は、やみくもに走りつづけるばかりで反省をしない「精神論タイプ」。

これは『失敗の本質』（中公文庫）に出てくる太平洋戦争の際の日本軍の将軍のようなものので、右脳が働いて熱くなってはいるが、左脳が機能していない。仮説もダウンサイドのリスク検証もなく、失敗してもなぜうまくいかなかったかを考えないので、同じ失敗を何度もくりかえしてしまうのである。

逆に左脳だけだと、できない理由を論理的に説明して自分ではやろうとしない「テクノクラートタイプ」になってしまう。

右脳の思いを左脳でシナリオに落とし、仮説を立て、リスクマネジメントもしながら仕事に取り組むこと。

三番目は、検証をしない「やりっぱなしタイプ」。

日本では企業もこのタイプが非常に多い。何をやるかは時間をかけて検討するのに、どの施策の何がどれだけ効果があったのかの検証をいっさいしないのだ。失敗したことを検証すると、だれかの責任を追及するイヤな雰囲気になるから、なかったことにしたほうがいいという人もいるが、それでは何も学べない。つねに仮説を立て、定期的に検証する習慣は仕事にもキャリアにも必要である。

四番目は、学びのレベルの低い「歪《ゆが》んだ持論タイプ」。

ある人が中国のマーケティング会社の社長に就任した。知名度も実績もなかったので、競合他社から高給で中国人マネジャーを引き抜き、育成投資もして、さあこれからというときに、もっと給料がいい会社から誘われたと、その中国人にあっさり辞められてしまった。

このとき、中国人はカネで動くという歪んだ持論に縛られていると、「中国人は信用できないから、育成投資をしても無駄になるだけだ」ということしか学べない。ところが、学びのレベルが深い人は「カネで来た人間はカネで去る。ということは、カネ以外の理由でここで働きたいという人を採用すればいいのではないか。では、そういう人に対して何を魅力としてアピールできるか」と考えることができるのだ。どちらが正しいという話ではない。同じ事例からより深く学べる人のほうが有利なのだ。

五番目は、うすうすわかっているのに変わろうとしない「頑固タイプ」。

せっかくコーチングの研修を受けて納得したのに、いままで頭ごなしに「あれやれ、これやれ」とコマンド・アンド・コントロールで部下に接してきた手前、いまさら「君はどうしたいんだ」などといえないといって、結局、変わるチャンスを逃してしまう。こういう人は「俺はコーチングを学んでとてもいいと思ったので、これからはマネジメントスタイルを変えるぞ」と部下の前で宣言してしまえばいいのである。

以上、五つのタイプのどれかに当てはまると思った人は、さっそく改めてほしい。それがよりよいキャリアを築く第一歩となるはずだ。

二〇〇九年七月

高橋俊介

おもな参考文献

網野善彦『日本の歴史をよみなおす』(ちくま学芸文庫、2005年)
伊波普猷、外間守善校訂『古琉球』(岩波文庫、2000年)
ハーミニア・イバーラ著、宮田貴子訳『ハーバード流キャリア・チェンジ術』(原題＝Working Identity／翔泳社、2003年)
ジョージ・E・ヴァイラント著、米田隆訳『50歳までに「生き生きした老い」を準備する』(原題＝Aging Well／ファーストプレス、2008年)
金井壽宏『働くみんなのモティベーション論』(ＮＴＴ出版、2006年)
金井壽宏、高橋俊介『部下を動かす人事戦略』(ＰＨＰ新書、2004年)
Ｊ・Ｄ・クランボルツ、Ａ・Ｓ・レヴィン著、花田光世ほか訳『その幸運は偶然ではないんです！』(原題＝Luck is No Accident／ダイヤモンド社、2005年)
高橋俊介『キャリア論』(東洋経済新報社、2003年)
高橋俊介『キャリアショック』(ソフトバンククリエイティブ・ＳＢ文庫、2006年)
高橋俊介『スローキャリア』(ＰＨＰ文庫、2006年)
高橋俊介『いらないヤツは、一人もいない』(祥伝社黄金文庫、2006年)
高橋俊介『キャリアをつくる９つの習慣』(プレジデント社、2008年)
丁宗鐵『正座と日本人』(講談社、2009年)
戸部良一ほか『失敗の本質』(中公文庫、1991年)
中根千枝『タテ社会の人間関係』(講談社現代新書、1967年)
西尾久美子『京都花街の経営学』(東洋経済新報社、2007年)
保坂俊司『国家と宗教』(光文社新書、2006年)
宮田加久子『きずなをつなぐメディア』(ＮＴＴ出版、2005年)
リクルートワークス編集部『おもてなしの源流』(英治出版、2007年)
リチャード・フロリダ著、井口典夫訳『クリエイティブ資本論』(原題＝The Rise of the Creative Class／ダイヤモンド社、2008年)
渡辺千賀『ヒューマン2.0』(朝日新書、2006年)
『ハーバード・ビジネス・レビュー』2008年12月号(ダイヤモンド社)

編集協力——山口雅之

PHP新書

PHP INTERFACE
http://www.php.co.jp/

高橋俊介［たかはし・しゅんすけ］

1954年東京都生まれ。東京大学工学部航空工学科卒業、米国プリンストン大学工学部修士課程修了。日本国有鉄道（現・JR）、マッキンゼー・ジャパンを経て、89年に現在のワトソンワイアットに入社。93年には同社代表取締役社長に就任。97年に独立しピープルファクターコンサルティングを設立。2000年からは慶應義塾大学大学院政策・メディア研究科教授も務める。おもな著書に『キャリアショック』（ソフトバンククリエイティブ・SB文庫）、『人材マネジメント論』『成果主義』『組織改革』『キャリア論』（以上、東洋経済新報社）、『人材マネジメント革命』『キャリアをつくる9つの習慣』（以上、プレジデント社）、『人が育つ会社をつくる』（日本経済新聞出版社）、『組織マネジメントのプロフェッショナル』（ダイヤモンド社）、『いらないヤツは、一人もいない』（祥伝社黄金文庫）、『スローキャリア』（PHP文庫）、共著に『部下を動かす人事戦略』（PHP新書）など多数ある。

自分らしいキャリアのつくり方（PHP新書620）

二〇〇九年九月一日 第一版第一刷

著者――高橋俊介
発行者――江口克彦
発行所――PHP研究所
東京本部――〒102-8331 千代田区三番町3-10
新書出版部 ☎03-3239-6298（編集）
普及一部 ☎03-3239-6233（販売）
京都本部――〒601-8411 京都市南区西九条北ノ内町11
組版――株式会社編集社
装幀者――芦澤泰偉＋児崎雅淑
印刷所
製本所――図書印刷株式会社

ISBN978-4-569-70901-7

ＰＨＰ新書刊行にあたって

「繁栄を通じて平和と幸福を」（PEACE and HAPPINESS through PROSPERITY）の願いのもと、ＰＨＰ研究所が創設されて今年で五十周年を迎えます。その歩みは、日本人が先の戦争を乗り越え、並々ならぬ努力を続けて、今日の繁栄を築き上げてきた軌跡に重なります。

しかし、平和で豊かな生活を手にした現在、多くの日本人は、自分が何のために生きているのか、どのように生きていきたいのかを、見失いつつあるように思われます。そして、その間にも、日本国内や世界のみならず地球規模での大きな変化が日々生起し、解決すべき問題となって私たちのもとに押し寄せてきます。

このような時代に人生の確かな価値を見出し、生きる喜びに満ちあふれた社会を実現するために、いま何が求められているのでしょうか。それは、先達が培ってきた知恵を紡ぎ直すこと、その上で自分たち一人一人がおかれた現実と進むべき未来について丹念に考えていくこと以外にはありません。

その営みは、単なる知識に終わらない深い思索へ、そしてよく生きるための哲学への旅でもあります。弊所が創設五十周年を迎えましたのを機に、ＰＨＰ新書を創刊し、この新たな旅を読者と共に歩んでいきたいと思っています。多くの読者の共感と支援を心よりお願いいたします。

一九九六年十月

ＰＨＰ研究所